AF447887

STUDIOS
TALMA

Dernières parutions dans la Collection *Documents* :

– *La Planète Terre, ultime arme de guerre* (tome 1), Dr Rosalie Bertell ;
– *L'Arme climatique - La manipulation du climat par les miltaires*, Patrick Pasin ;
– *L'Arme environnementale - Opérations et programmes secrets des miltaires*, Patrick Pasin ;
– *L'Ennemi de l'intérieur*, Alexandre Langlois ;
– *Le FBI complice du 11 Septembre*, Patrick Pasin ;
– *Vaccins - Oui ou Non ?*, Stefano Montanari, Antonietta Gatti, Serge Rader ;
– *Vaccination : la grande illusion*, Bickel (livre illustré)
– *Géopolitique des cryptomonnaies*, Nancy Gomez, Patrick Pasin.

Titre original : *Planet Earth: the Latest Weapon of War*,
The Women's Press, London, U. K.

Autres livres en français de Rosalie Bertell :
– *Sans danger immédiat ? – L'avenir de l'humanité sur une planète radioactive*, éd. Pleine Lune, 2005 ;
– *Recommandations 2003 du Comité européen sur le risque de l'irradiation*, Rosalie Bertell et Chris Busby, éd. Frison-Roche, 2004.

Talma Studios
231, rue Saint-Honoré
75001 Paris – France
www.talmastudios.com
info@talmastudios.com

ISBN : 979-10-96132-74-4

LA PLANÈTE TERRE, ULTIME ARME DE GUERRE

Tome 2

Dr Rosalie Bertell

Traduit de l'anglais par
Monique Fontana Haller
et relu par Olivia Moran Jurado

TABLE DES MATIÈRES
Tome 1

Remerciements
Avant-propos
Introduction

Partie I – **LA GUERRE**

Chapitre 1
**La guerre dans les dix dernières
années du xxe siècle**

Partie II – **LA RECHERCHE**

Chapitre 2
À la découverte du ciel

Chapitre 3
Plans militaires pour l'espace

Chapitre 4
**Problèmes terre-à-terre
avec les guerres des étoiles**

Les crises environnementales
générées par les guerres

Nous avons vu combien les activités militaires mettent notre environnement en péril par les effets directs de la guerre et les expérimentations, mais le problème possède une autre facette qui est celle de l'exploitation militaire abusive des ressources naturelles, humaines et financières, dont les réserves sont limitées. Le potentiel humain est l'un des plus précieux trésors naturels de notre Terre. Les guerres reflètent pourtant un système de valeurs qui protège et place l'acquisition des richesses au-dessus de la préservation de la vie. Chaque fois que nous gaspillons nos ressources à des fins militaristes, nous détruisons des vies. Selon le Haut Commissariat des Nations Unies pour les réfugiés, la communauté mondiale subira de « lourdes pertes en capital humain dans la prochaine génération, dues à la malnutrition et au rachitisme », ce qui signifierait la mort de près d'un milliard d'enfants.[1] Le Comité pour la nutrition a publié un rapport, *Mettre Fin à la malnutrition d'ici 2020*, qui propose une nouvelle approche drastique centrée sur les femmes pour éradiquer la faim. Toutefois, si les nations n'opèrent pas des changements tout aussi radicaux dans leurs priorités, peu de femmes pourront atteindre cet objectif.

De plus, la recherche militaire a conduit au développement de produits, aussi bien civils que militaires, qui polluent le sol et provoquent des maladies et la mort de plusieurs milliers de personnes. Dans l'esprit du public, par exemple, il n'existe pas de rapport entre la dégradation du sol par les pesticides et le développement de l'armement militaire, pourtant le lien existe bel et bien. Il s'agit là de problèmes à long terme.

---

1. *Humanitarian Times,* 5 avril 2000.

Dans un monde au mode de pensée linéaire dans lequel le « facteur décisif » est toujours celui du coût financier, tout ce qui est naturellement primordial à notre Terre continuera d'être sacrifié : l'air, l'eau, le sol, la vie sauvage, la nourriture et le bien-être humain. Pourtant, la richesse est inutile si nous ravageons le support dont toutes les créatures vivantes dépendent. Entretenir la guerre pour « protéger nos acquis » ne présente pas d'intérêt si nous dégradons la puissance régénératrice même de la Terre.

Dans une économie mondiale qui se développe rapidement, nous devons nous poser des questions difficiles : quelle est l'étendue exacte des ressources nationales et mondiales qui permettent à la vie de se maintenir ? Dans quelle mesure, nous, la communauté internationale, utilisons-nous et gérons-nous de façon efficace ce que nous possédons ? Quelle quantité de son capital naturel la Terre peut-elle renouveler chaque année ? Quelles quantités durables d'air, de terre et d'eau laisserons-nous aux générations futures ? Ces questions sont fondamentales afin que la vie sur Terre continue de prospérer.

Bien que d'importantes conférences mondiales aient été organisées pour discuter de la crise environnementale, il ne fut prêté que peu d'attention à la diminution des ressources entraînée par la production d'armement et l'apparition d'entreprises civiles dans le sillage de la recherche militaire. Sur le plan individuel, cependant, le gaspillage militaire incite à prendre des décisions personnelles. Pour donner un exemple, un grand nombre de scientifiques britanniques refusèrent publiquement de participer de quelque façon que ce fût aux recherches des États-Unis sur le projet « Guerre des étoiles », bien que le gouvernement britannique de l'époque les eût encouragés à présenter des demandes auprès des fonds américains pour la recherche. Le 30 novembre 1995, Sir Michael Atiyah, président de la Royal Society, déclara :

> Critiquer notre contribution au commerce des armes peut être jugé naïf, antipatriotique et irresponsable. D'un autre

côté, en tant que scientifique, je ne peux pas cautionner par mon silence une politique qui utilise les connaissances scientifiques pour exporter la destruction et la mort potentielle vers des régions du monde plus pauvres, où les faibles ressources seraient mieux employées à acheter de la nourriture et des biens sanitaires.[2]

Ce tableau est encore plus préoccupant lorsque nous réalisons que les pays exportant des armes importent généralement des matières premières de ces mêmes nations vers lesquelles ils exportent « la destruction et la mort ». Ce chapitre porte un regard critique sur les activités militaires concernant leur emploi des ressources en fonction de leur abondance et d'autres utilisations prioritaires, plus urgentes.

Besoins financiers humains insatisfaits dans le monde

La relation entre priorités militaires et civiles est souvent évoquée en termes de compétition pour l'argent, c'est-à-dire choisir entre les bombes et le beurre. La réalité est beaucoup plus complexe. L'impact du coût de la guerre n'est pas toujours local ou direct, et les activités militaires d'un pays peuvent aujourd'hui se répercuter sur d'autres nations non impliquées dans le conflit.

Un mémorandum décrivant l'impact de la guerre du Golfe sur les pays en voie de développement donne une bonne idée générale du problème.[3] Cette guerre, qui avait pour but officieux d'assurer au « Premier Monde » l'accès au pétrole de la région, eut comme conséquences pour les pays en développement le doublement des prix du pétrole, la forte réduction des transports publics, la flambée des coûts du kérosène nécessaire pour l'éclairage, le doublement

---

2. *Guardian,* 1ᵉʳ décembre 1995 (NdT : l'article n'est plus disponible en ligne).
3. Note provenant du Catholic Fund for Overseas Development, The Catholic Institute for International Relations, Christian Aid, Oxfam, Save the Children Fund et The World Development Movement, envoyée au Foreign Affairs Select Committee.

des tarifs des transports aériens de vivres vers les zones de famine d'Afrique centrale, la suppression des transferts de salaire par les travailleurs migrants du Golfe, des crises économiques dues au retour soudain des travailleurs migrants expatriés, la réduction des achats à l'étranger de la part des pays en développement, particulièrement le Koweït et l'Irak, la diminution du tourisme, la perte des aides financières étrangères réaffectées à l'effort de guerre, des tarifs accrus du fret et des assurances.

L'augmentation de ces coûts s'élève à plus d'1 % du PIB (produit intérieur brut) pour au moins quarante pays à revenus bas et moyens. C'est le critère choisi par les Nations Unies pour définir une catastrophe naturelle. Ce coût pour le Yémen, classé par l'ONU comme pays parmi les moins développés, atteint plus de 10 % de son PIB, et, pour la Jordanie, le coût de la guerre en représente plus de 25 %.

L'article 50 de la Charte des Nations Unies prévoit l'indemnisation des membres affectés par les décisions du Conseil de sécurité. Pourtant, la Banque mondiale n'a pas su fournir une aide suffisante aux quarante pays africains les plus affectés par la guerre, malgré le fait qu'à l'époque elle affichait des bénéfices records. De plus, les États-Unis sont dits avoir tiré profit de la guerre, recueillant 53 milliards de dollars pour leur effort de guerre, dont 14 milliards provenant de l'Arabie saoudite et environ 22 milliards payés par le Koweït.[4]

Lorsqu'il est question des implications financières de la guerre, il faut adopter un point de vue très large. Même si nous nous en tenons essentiellement à la vision « des bombes ou du beurre », malgré tout, les chiffres sont stupéfiants. D'après les données de l'ONU, les dépenses militaires mondiales culminent à environ mille milliards de dollars américains en 1986-87. Depuis, les niveaux ont baissé à environ 700 milliards de dollars annuels, le budget des USA à lui seul étant estimé à environ 260 milliards de dollars.[5]

---

4. *The World Guide: 1999-2000,* Millennium Edition, *The New Internationalist,* Oxford, 1999.

5. NdT : Il atteint le chiffre record de 686 milliards de dollars pour 2019.

Selon l'Institut International de Recherche sur la Paix à Stockholm (Stockholm International Peace Research Institute, Sipri), la seule nation dont les dépenses militaires ont augmenté de façon significative depuis la fin de la guerre froide est la Chine. Cependant, le calcul précis des budgets militaires de pays tels que la Chine ou la Russie est rendu difficile par le secret qu'ils entretiennent. Il faut également garder à l'esprit que l'argent canalisé via les programmes de recherche civils et universitaires n'est pas pris en compte dans les estimations des budgets militaires.

Bien qu'imprécis, ces chiffres nous permettent de mettre en évidence le déséquilibre manifeste entre nos priorités mondiales. Actuellement, près d'un tiers des enfants dans le monde vit sous le seuil de pauvreté. Le Sommet mondial pour les enfants s'est tenu en septembre 1990 aux Nations Unies à New York, et beaucoup de leaders mondiaux y participèrent. Son but était de faire connaître au public l'entrée en vigueur de la Convention sur les droits de l'enfant, introduite à l'Assemblée générale des Nations Unies le 20 novembre 1989, et ratifiée par 191 pays – il est intéressant de noter que les États-Unis n'ont pas signé cette convention, donnant pour motif qu'ils veulent garder l'option de pouvoir exécuter les enfants ayant commis des crimes violents. Lors de ce sommet, il fut estimé à 25 milliards de dollars annuels le montant minimum requis pour assurer la santé et la sécurité des enfants du monde. Cette somme devait couvrir, approximativement, les frais suivants :

- eau potable et services d'assainissement adéquats ;
- réduction de la mortalité maternelle et infantile, éducation au planning familial ;
- programmes d'alphabétisation ;
- programmes supplémentaires d'alimentation et nutrition saine ;
- mesures de santé communautaires, vaccination pour tous les enfants, réfrigération des vaccins, recrutement de personnels pour les cliniques et les unités de soins mobiles.

En comparaison, le financement demandé par le Pentagone pour le projet de Défense antimissile balistique (BMD) pour la seule année 2001 s'élève à 30,2 milliards de dollars.[6] Aujourd'hui, le budget pour ce projet est en débat et pourrait atteindre 40 milliards de dollars. Et il pourrait encore évoluer à la hausse avec les progrès de la technologie. Il est difficile de se faire une idée précise du coût total de l'ensemble du programme, car les projets de défense ne sont chiffrés que pour une durée de cinq ans, mais il est estimé qu'il se situerait entre 500 et 1 000 milliards de dollars. Cette somme ne tient pas compte des têtes nucléaires d'autres armes prises en charge par le ministère de l'Énergie[7], et n'inclut pas les financements universitaires, ni les soins de santé des vétérans ou les allocations d'invalidité. 25 % des vétérans de la guerre du Golfe perçoivent à ce jour des pensions pour invalidité, pourcentage le plus élevé de toutes les guerres.

Ruth Sevard a calculé que 50 milliards de dollars pris sur la totalité des budgets militaires suffiraient à :

- nettoyer les sites de production nucléaire qui sont considérablement pollués ;

- fournir en eau potable un tiers de la population mondiale ;

- procurer des vivres supplémentaires aux 900 millions de personnes souffrant de malnutrition ;

- assurer des soins de santé au milliard d'hommes les plus pauvres.[8]

Les sommes d'argent colossales dépensées par les militaires sont toujours justifiées par ceux qui affirment que l'industrie de l'armement fournit des emplois. Or, rien ne peut être plus éloigné de la vérité. Au Royaume-Uni, par exemple, il existe un programme de rénovation urbaine subventionné par le gouvernement, qui

---

6. Prévisions de l'US Office of Budgets pour 2001.

7. J. Pike, *US and Soviet Ballistic Missile Defence Programmes*, dans *Outer Space: A Source of Conflict or Cooperation*, Bhupendra Jasani (ed.), United Nations University Press, Tokyo, 1991.

8. Ruth Sevard, *World Military and Social Expenditure*, Washington, DC.

coûte en moyenne 21 600 £ pour chaque emploi créé. Tandis que le programme d'aviation militaire Eurofighter coûte environ 250 000 £ par emploi créé, une analyse de Barker, Dunne et Smith en 1991 fait état qu'une division par deux des dépenses militaires du Royaume-Uni redonnerait du travail à 520 000 chômeurs et augmenterait son PIB d'au moins 2 %.[9] L'Institut International de Recherche sur la Paix de Stockholm note qu'alors que les industriels de l'armement au Royaume-Uni réalisent des profits s'élevant à 3 267 millions de dollars entre 1990 et 1992, ils suppriment dans le même temps 89 869 emplois.[10] Imaginez ce qui pourrait être réalisé à l'échelle mondiale si tous les pays réaffectaient seulement 20 % de leur budget militaire annuel à d'autres domaines ?

Le Bureau des statistiques du travail américain estime qu'un milliard de dollars pourrait permettre de créer :
- 76 000 emplois liés aux activités militaires ; ou
- 92 000 emplois dans les transports ; ou
- 100 000 emplois dans le bâtiment ; ou
- 139 000 emplois dans les services de santé ; ou
- 187 000 emplois dans l'éducation.[11]

De nouveau, ces suggestions soulèvent la difficile remise en question de nos priorités.

La principale difficulté pour convertir la production militaire en production civile est la nécessité d'avoir conçu en amont un plan détaillé afin d'éviter les bouleversements économiques et sociaux. La conversion vers une industrie civile plus efficace optimisant l'emploi des ressources et réduisant les gaspillages demanderait l'intervention de nos esprits les plus brillants. Malheureusement, les jeunes diplômés universitaires les plus remarquables sont

---

9. Ian Davis, *Europe, Diversification or Conversion: More than just Semantics?*, Projet de Démilitarisation, Leeds, England, dans *Press for Conversion!* n° 24, février 1996.
10. Annuaires de l'Institut International de Recherche sur la Paix, Stockholm, de 1992 à 1994.
11. Chiffres de l'US Bureau of Labour Statistics rendus publics par The Campaign Against the Arms Trade, UK.

généralement plus attirés par la recherche spatiale de haute technologie, avec ses avantages financiers et ses rémunérations subventionnées par le gouvernement.

Ressources naturelles

Les êtres humains ont besoin de l'approvisionnement régulier en produits essentiels à la vie : des aliments de qualité et de l'eau potable ; des habitations ; de l'énergie pour chauffer ou rafraîchir les lieux de vie, le transport et l'industrie ; des fibres pour les vêtements, du mobilier, du papier ; et des systèmes de traitement des déchets efficaces. Nous comprenons intuitivement que la notion de développement durable signifie assurer une quantité de ressources suffisante pour chacun qui puisse être partagée au-delà des frontières. Pour cela, il est nécessaire de gérer ces ressources de manière responsable, de ne pas dépasser les limites de la nature et de laisser suffisamment de richesses aux générations futures. Des ressources naturelles insuffisantes et un niveau de vie inacceptable et injuste font naître des conflits autour de l'eau, de la terre, de la nourriture et des réserves de minéraux et de pétrole. C'est un cercle vicieux, car chaque nouveau conflit dégrade un peu plus ce dont nous disposons.

La surface de notre planète est de 51 milliards d'hectares, dont 71 % de mer et 29 % de terre. Les sols productifs ne couvrent que 8,3 milliards d'hectares, le reste étant soit couvert de glace, soit désertique, soit impropre aux activités humaines. La pollution, la perte de terre arable, la déforestation et la désertification menacent de réduire la superficie des sols disponibles pour la production, tandis que la surpêche et le rejet des déchets à la mer diminuent la fertilité des océans.

Les différents usages de cette terre « disponible » peuvent être listés comme suit : réserves de pétrole, gaz, charbon et minéraux ; terres arables ; pâturages ; forêts naturelles pour l'absorption du dioxyde de carbone, la production de bois d'œuvre, la prévention de l'érosion, la stabilité du climat, le maintien des cycles de l'eau, et la protection de la biodiversité ; zones d'habitation et extraction minière ; et les océans pour la nourriture, la capture de l'énergie solaire et les échanges de gaz avec l'atmosphère.

Si nous divisons la superficie de cette terre « disponible » par le nombre d'habitants, nous obtenons pour chacun un chiffre qui inclut les éléments suivants[12] :

* 0,25 hectare de terre arable
* 0,6 hectare de pâtures
* 0,6 hectare de forêt
* 0,03 hectare de zones construites
* 0,5 hectare d'océan

TOTAL : 1,98 hectare

Toutefois, nous partageons cette planète avec trente millions d'autres espèces, nous ne pouvons donc en disposer que partiellement pour notre consommation.

La vie sur Terre est maintenue par un réseau complexe et interdépendant de créatures. Même si nous n'y pensons que rarement, la vie humaine est complètement dépendante des algues qui nourrissent les poissons, qui nourrissent les oiseaux, qui nourrissent les animaux sauvages, qui nourrissent les animaux domestiques, qui contribuent à enrichir le sol faisant croître les aliments que nous mettons dans nos assiettes. À la suite d'un désastre écologique, comme une éruption volcanique ou le changement brutal du climat, il est possible que tel ou tel organisme apparemment quelconque et pourtant indispensable à la chaîne alimentaire disparaisse. Il est donc essentiel de préserver autant de biodiversité que possible afin d'assurer l'existence d'éléments

---

12. Cette méthodologie suppose une population mondiale de 5,892 milliards d'habitants, une superficie disponible d'1,8 hectare par personne, et une superficie de 2,3 hectares actuellement consommés par personne.

alternatifs dans le cas où l'un des éléments de la chaîne soit éliminé ou perturbé.

La Commission mondiale sur l'environnement et le développement recommande qu'au moins 12 % des ressources terrestres soient mises en réserve pour préserver la biodiversité.[13] Cela signifie que, au mieux, seulement 1,7 hectare de ressources est disponible par personne et par an. De toute évidence, ces ressources ne sont pas réparties de manière homogène entre les différentes nations de la planète, pas plus qu'elles ne sont distribuées équitablement à l'intérieur de chaque pays.

L'utilisation militaire des ressources

Sur l'ensemble de la planète, les forces armées occupent une superficie considérable de terrains qu'elles utilisent comme bases, sites d'expérimentation, décharges de déchets toxiques, ateliers de réparation mécanique et autres activités qui contaminent l'environnement. Une grande partie des déchets générés est difficilement recyclable et les effets de cette pollution sur l'environnement peuvent s'étaler sur des milliers d'années. De plus, elles utilisent des quantités importantes de carburant, d'aluminium, de cuivre, de plomb, de nickel et de minerai de fer – métaux dont les réserves sont limitées. Depuis 1980, les USA, le Japon, la Russie, le Royaume-Uni et la France font partie des dix plus gros

---

13. La définition de la biodiversité contenue dans le texte de la Convention sur la biodiversité, signée lors de la Conférence de l'ONU sur l'environnement et le développement à Rio en 1992, provient de l'inquiétude croissante concernant la disparition rapide de nombreuses espèces. Elle porte essentiellement sur les ressources capables de se renouveler naturellement dans les écosystèmes terrestres et marins, leur utilisation médicinale potentielle et leur capacité d'adaptation génétique. Beaucoup d'écologistes pensent qu'un plus grand pourcentage d'écosystèmes de notre planète doit être préservé pour assurer la biodiversité. En 1970, l'écologiste Eugum Odum recommande de préserver 40 % des écosystèmes et, en 1991, Reed Noss, directeur scientifique du Projet Terres Sauvages, émet l'hypothèse que 50 % en moyenne de ces écosystèmes doivent être préservés dans chaque région et maintenus à l'état sauvage pour rétablir le cheptel des grands carnivores et permettre la réalisation d'autres objectifs de conservation largement reconnus.

importateurs de ces métaux.[14] Le matériel lourd, comme les tanks, compacte le sol et l'utilisation généralisée des pesticides, fabriqués à partir de produits chimiques utilisés au cours de la Première guerre mondiale, pollue la terre et l'eau. Selon une étude de l'ONU réalisée en 1990, presque un sixième des terres couvertes par la végétation dans le monde furent dégradées depuis la Seconde guerre mondiale, et 25 % de cette dégradation n'est pas due à l'agriculture elle-même. Un comité de l'Otan identifia certains des problèmes environnementaux que causent ses activités :

- fuites de substances toxiques pendant le transport de matériels militaires ;
- pollution atmosphérique au-dessus des zones côtières ;
- pollution de l'air et de l'eau par les moteurs des navires ;
- transport d'agents contaminants le long des fleuves, via les deltas et les estuaires ;
- décharge de déchets radioactifs ;
- pollution sonore ;
- accidents provoqués par des produits chimiques.[15]

Le bilan final de toutes ces activités militaires est davantage de dévastation – la destruction de bâtiments, de ponts, d'industries et d'équipements produits par « l'ennemi ». Les intellectuels s'étonnent du peu d'efficacité de l'automobile qui emploie seulement 1 % de l'énergie produite par son moteur pour avancer (le reste s'échappe dans l'atmosphère sous forme de chaleur et de pollution). Combien plus inefficient est le missile MX, construit pour détruire autant que possible et s'autodétruire par la même occasion !

Toutes les compagnies, y compris les industries militaires, font preuve d'une grande intelligence lorsqu'il s'agit d'externaliser le

---

14. *A Guide to the Global Environment 1996-1997,* publication conjointe de l'Institut des ressources mondiales, du Programme des Nations Unies pour l'environnement, du Programme des Nations Unies pour le développement, et de la Banque mondiale, Oxford University Press, New York, 1996.
15 . Comité de l'Otan sur les défis de la société moderne, cité dans *The World Guide: 1999-2000,* Millennium Edition, The New Internationalist, Oxford, 1999.

coût des dommages causés à l'environnement. Elles prennent les ressources que la nature leur offre gratuitement mais ne tiennent pas compte du coût de reconstitution dans leur processus de production. Par exemple, une entreprise qui utiliserait de l'eau comme procédé de refroidissement pourrait rendre cette eau impropre à d'autres usages, mais elle ne payera probablement pas de contribution aux services d'épuration de l'eau. De même, lorsqu'une industrie pollue l'air et l'eau, les coûts en matière de santé sont le plus souvent à la charge de chacun ou des services sociaux de l'État, et non pas de l'industrie responsable. La revue *Nature* évalue le coût global de ces services « gratuits » à 33 000 milliards de dollars par an.[16] C'est parce que ces ressources sont considérées « gratuites » qu'elles sont gaspillées.

Compte tenu de toutes ces considérations, nous aurions pu penser que l'impact des activités militaires sur l'environnement aurait été l'un des sujets majeurs de la Conférence des Nations Unies sur l'environnement et le développement, à Rio en 1992. Cette question fut cependant écartée de l'ordre du jour, apparemment sous la pression des États-Unis. D'après les documents officiels de cette conférence, la délégation américaine entoura toute mention du mot « militaire », contestant chaque rubrique jusqu'à ce qu'elle soit retirée.[17] Le document sur les questions relatives aux femmes fut le seul qui parvint à signaler les dévastations occasionnées par les forces armées, et ce uniquement en termes d'impact sur la condition féminine. De même, toute mention relative aux technologies nucléaires fut exclue à une exception près, celle de la réglementation sur les transports des déchets nucléaires des pays développés vers les pays en voie de développement. Le discours d'ouverture prononcé par Hans Blix, président de l'Agence internationale de l'énergie atomique (IAEA), donna l'impression

---

16. R. Costanza et al., *The Value of the World's Ecosystem Services and Natural Capital, Nature,* vol. 387, n° 6630, pp. 235-260, 15 mai 1997.

17. Des copies de ces documents sont disponibles aux archives des Nations Unies. Ayant participé à la procédure, les points de contestation étaient entourés d'un cercle sur les copies que j'ai reçues.

que l'énergie nucléaire était une « solution » plutôt qu'un problème (l'IAEA, est mandatée par les Nations Unies afin de promouvoir les applications pacifiques de l'énergie nucléaire).

Le ton fut très différent à la conférence alternative des ONG (organisation non gouvernementale) à Rio, où les questions militaires et nucléaires étaient au centre des préoccupations.[18] Ce sont les citoyens qui détiennent la sagesse de la survie, et le flot croissant des contestations qui se fit jour à Rio se transforma en un rejet pur et simple des priorités économiques des pays dominants au rendez-vous de l'Organisation mondiale du commerce à Seattle, en 1999.

Conférence de Rio+5, mars 1997

Les hommes portent le plus souvent leur intérêt sur les problèmes du quotidien et les activités locales, avec de temps à autre un regard sur un projet à « long terme ». Il est donc important, en considérant les problèmes environnementaux qui ont de grandes répercussions dans le temps sur l'espace, de créer un système de mesure qui permette d'évaluer à terme les reculs et les progrès. Comme préparation à la conférence de Rio+5 de mars 1997, il fut imaginé un système d'« empreintes écologiques » ayant pour but de rendre compte des progrès des nations depuis 1992. Le rapport *Footprint of Nations* (*Empreinte des Nations*), décrivant à la fois les innovations et les méthodologies utilisées, fut publié pour la première fois lors de cette conférence.[19] Il examinait la gestion des ressources des « grands » acteurs de l'économie mondiale – les cinquante-deux nations éminentes qui abritent 80 % de la population mondiale et génèrent 95 % des produits intérieurs.

L'empreinte écologique est estimée en considérant les ressources physiques et biologiques disponibles pour chaque pays, puis en

---

18. Des années auparavant, j'avais identifié les problèmes qui furent débattus à ce sommet, dans mon livre *Sans Danger immédiat ?*, éd. Pleine Lune, 2005.

19. M. Wackernagel et al., *Ecological Footprint of Nations*, Centro de Estudios para la Sustentabilidad, Universidad Anafuac de Xalapa, Apartado Postal 653, 91000 Xalapa, Ver. Mexico, 10 mars 1997.

les comparant à la consommation moyenne de ce dernier. Par « ressources disponibles » est sous-entendu celles qui peuvent se reconstituer naturellement de façon durable. Les excédents ou les déficits de ressources d'une nation dépendent donc de sa consommation moyenne, de la somme de ses ressources écologiques disponibles et de la taille de sa population. Une feuille de calcul d'une centaine de lignes et d'une douzaine de colonnes mesurant ces « empreintes » fut élaborée pour chaque pays, les exportations d'un pays étant soustraites et ses importations additionnées à sa consommation intérieure.[20]

La bonne nouvelle est que sept nations sur cinquante-deux ne dépassent pas le total de leurs ressources écologiques intérieures, bien qu'elles puissent excéder leur part mondiale équitable. C'est le cas de la Nouvelle-Zélande, de la Finlande, de la Suède, de l'Irlande, de l'Australie, du Canada et du Chili, qui ont des ressources en surplus. Sept autres pays vivent très près de la limite de leurs ressources naturelles intérieures : le Bangladesh, le Brésil, la Chine, la Colombie, l'Éthiopie, l'Inde et le Pakistan.

La mauvaise nouvelle est que tous les autres grands pays, sachant que beaucoup d'entre eux possèdent des programmes d'armement considérables, accumulent chaque année des déficits écologiques et affichent une consommation de leurs ressources excédant leur

---

20. Vingt ressources principales furent analysées pour déterminer la consommation, cette dernière étant le résultat de la production, plus les importations, moins les exportations. Ces chiffres permirent de déterminer la consommation nationale pour chaque ressource. En utilisant les estimations de la FAO (Organisation des Nations Unies pour l'alimentation et l'agriculture), pour les rendements moyens mondiaux, la consommation et l'absorption des déchets, ces chiffres peuvent être traduits en hectares de terre ou de mer nécessaires pour couvrir les besoins de la consommation. L'équilibre énergétique de chaque pays a été ajusté de façon à inclure l'énergie utilisée pour les denrées exportées (consommées par d'autres pays) et l'énergie nécessaire pour l'importation des produits finis. Les chercheurs ont calculé les quantités de consommation par habitant pour que la comparaison soit équitable entre les grands et les petits pays. Les facteurs de rendement surestiment probablement la productivité biologique des pays industrialisés qui utilisent de grosses quantités de fertilisants. Étant donné la nature internationale des océans, l'espace maritime fut attribué à parts égales aux citoyens de toutes les nations.

capacité écologique intérieure. Autre point catastrophique, on constate qu'en 1992 l'humanité dans son ensemble consomme annuellement plus de 25 % des ressources que la Terre pouvait reconstituer ; en 1997, ce chiffre est monté à 33 %. Malgré vingt-cinq années de discussions sur la crise environnementale, la mise en place d'importants programmes pour sauver la biosphère, des conférences mondiales et la signature de traités, la consommation n'a cessé d'augmenter. Ce déficit mondial annuel des ressources est infiniment plus grave que le déficit budgétaire mondial et beaucoup plus dévastateur pour les générations futures.[21]

Environ 422 millions d'hectares de ressources écologiques sont consacrés annuellement à la production d'armement aux États-Unis, en Russie, en Chine, au Royaume-Uni, en France, en Allemagne et au Japon. Sur la base d'une moyenne mondiale, ces ressources devraient permettre à 250 millions de personnes de mener une vie durable. Le Japon vient en tête en ce qui concerne le déficit des ressources intérieures, essentiellement en raison de son importante population et de ses ressources nationales insuffisantes. Les États-Unis présentent une consommation par personne supérieure à celle du Japon, soit 8,4 hectares, mais grâce à leurs ressources naturelles beaucoup plus abondantes, ils se classent second. À l'échelle mondiale, ils consomment annuellement 180 millions d'hectares au-dessus de la part équitable qui leur revient. En libérant les ressources naturelles consommées par les armées de toute la planète, et en les consacrant à des fins citoyennes, même cet énorme déficit américain s'en trouverait allégé.

La consommation des ressources n'est pas nécessairement liée au niveau de vie. Le Japon, le Royaume-Uni, la France et l'Allemagne, qui sont considérés comme ayant un très haut niveau de vie, parviennent pourtant à utiliser moins de ressources que les États-Unis. La consommation par habitant est de 6,3 hectares au Japon, 4,6 au Royaume-Uni, 5,7 en France et 4,6 en

---

21. Voir Paul Hawken, Amoury Lovins et L. Hunter Lovins, *Natural Capitalism – The Next Industrial Revolution*, Earthscan, London, 1999.

Allemagne.[22] Entre autres, la superficie de ces pays, qui est plus restreinte, raccourcit les transports. Avec le développement des communications électroniques, nous ne devrions plus avoir autant besoin de nous déplacer ; les rejets de gaz toxiques des voitures et des avions devraient diminuer et la consommation de papier se ralentir, enrayant à son tour la disparition des forêts.

Les pays accumulant les plus gros déficits intérieurs sont aussi ceux qui importent des métaux tels que l'aluminium, le cuivre, le plomb, le nickel, le zinc et le minerai de fer, pour réaliser de vastes programmes de fabrication industrielle : les USA, le Japon, la Russie, l'Allemagne, la Grande-Bretagne, la France et l'Indonésie.[23] À l'exception de l'Indonésie, ces mêmes pays sont les premiers émetteurs de gaz carbonique, qui est l'une des principales causes de l'effet de serre. La Chine et le sous-continent indien sont également des pays qui émettent de grandes quantités de gaz carbonique.[24] L'empreinte écologique est basée sur l'équilibre entre ce qui est consommé et ce que la nature peut régénérer, mais elle ne prend pas en compte la toxicité de chaque élément. Ainsi, par exemple, cette méthode considère les quantités d'uranium acquises (extraites dans le pays ou importées) et « utilisées », mais ne tient pas compte des ressources détruites par son utilisation. De la même façon, la dégradation de l'environnement causée par les émissions de gaz carbonique n'apparaît pas lorsque l'on emploie la méthodologie de l'empreinte.

La consommation moyenne mondiale en 1997 est de 2,3 hectares par habitant, soit un déficit individuel de 0,6 hectare. La production militaire à elle seule représente 13 % de ce déficit écologique. Si le matériel militaire actuellement fabriqué est utilisé dans une guerre, la réduction des ressources disponibles pourrait être catastrophique.

---

22. M. Wackernagel et al., op. cité.
23. *A Guide to the Global Environment,* 1996-97, op. cité.
24. Carbon Dioxide Information Analysis (CDIAC), Oak Ridge National Laboratory, *1992 Estimates of CO_2 Emissions from Fossil Fuel Burning and Cement Manufacturing Based on United Nations Energy Statistics and the US Bureau of Mines Manufacturing Data,* ORNL/ CDIAC-25, NDP-030 (base de données accessible) Oak Ridge, Tennessee, septembre 1995.

Si nous réfléchissons aux conséquences à long terme de la guerre du Golfe, un conflit comparativement éphémère et très localisé, quels seraient les résultats d'une guerre à grande échelle entre deux plus grandes nations à la puissance égale ?

Le futur bien-être de la communauté mondiale dépend largement du bon équilibre et de l'ingéniosité de la prochaine génération qui devra résoudre les problèmes que les activités de la génération précédente auront causés. Jusqu'à présent, nous nous sommes contentés d'évaluer le coût de nos projets gigantesques en termes de finances ; à l'avenir, le coût des ressources devrait devenir une préoccupation dominante. Pour cela, changer notre mode de pensée s'avère nécessaire. Si nous pouvions l'appliquer, par exemple, au projet de satellite à énergie solaire dont nous avons parlé précédemment[25], nous prendrions en compte le « coût » des soixante rectennes terrestres, des soixante ensembles de panneaux photovoltaïques dans l'espace et des soixante plates-formes spatiales grandes comme l'île de Manhattan. Un tel investissement épuiserait les réserves nationales de saphir, d'argent, de gallium et d'arsenic, sans parler des quantités faramineuses d'aluminium et d'acier requises. Le déploiement de cellules photovoltaïques dans l'espace, plutôt que sur Terre, rend ces matériaux irrécupérables et donc non recyclables. De même, notons que tous les satellites utilisent de grandes quantités de métaux rares tels que le platine et le molybdène.

Les grands générateurs électriques indispensables à l'élaboration de projets tels que les dispositifs de réchauffement ionosphérique requièrent un réseau de lignes de transmission qui, à leur tour, consomment d'énormes quantités de cuivre ou de fibre optique et occupent des parcelles de terrain au travers de champs cultivés, de forêts et de parcs. L'économie permise par l'utilisation de grands générateurs ne contrebalance peut-être pas les pertes en termes de ressources, et il est probable que les petits générateurs locaux soient une option plus respectueuse de l'environnement. Manifestement, il

---

25. Cf. tome 1.

faut aussi tenir compte du rapport gains/pertes de la qualité de l'air dans ce processus complexe d'évaluation environnementale.

Productivité des ressources et changement de comportement
Nous comprenons très bien le principe de productivité en parlant d'un travailleur : il peut être plus productif et plus efficace qu'un autre, peut-être en étant plus rapide, plus précis, en demandant moins de temps de pause. Ce même concept peut être appliqué au sujet des ressources : un métal est plus productif s'il est possible de le recycler pour fabriquer un nouveau produit, après sa première, deuxième, ou encore troisième utilisation. L'uranium, lui, se situe à la « pire » extrémité de l'échelle de la productivité car, après son usage dans un réacteur nucléaire, il se transforme en « déchet nucléaire hautement toxique », que nous devons tenir à jamais à distance de la biosphère.

Le gaspillage est également très présent dans nos méthodes de production. Un scientifique allemand prétend, par exemple, que nous pourrions conserver notre mode de vie en exploitant seulement un quart des ressources naturelles que nous y consacrons actuellement, uniquement en repensant nos méthodes de production.[26] Mon père, qui était président de la Standard Mirror Company, avait trouvé le moyen de réduire de 68 % les quantités d'argent nécessaires afin de recouvrir le fond des miroirs. En effet, durant la phase de peinture selon l'ancienne méthode, 32 % de l'argent se retrouvait non pas sur les miroirs mais sur les murs tout autour, à cause des éclaboussures et du manque de soin.

Nous devons exiger l'efficacité de l'usage, aussi bien que la « productivité » des ressources consommées. L'industrie doit se tourner vers la production d'articles que nous pouvons réutiliser et recycler et, dans le même temps, réduire la quantité de ressources utilisées par des méthodes de production plus appropriées. Bien

---

26. Ernst Ulrich von Weizsäcker, *Factor Four*, Amory Lovins et L. Hunter Lovins, Earthscan, Londres, 1997.

sûr, ce concept n'est pas très populaire auprès des industriels qui cherchent à créer du besoin en introduisant sur le marché des produits jetables ou à courte durée de vie.

Dans un monde équitable, les pays les plus consommateurs devront réduire par quatre leur consommation de ressources écologiques, ou bien augmenter par quatre la productivité des ressources naturelles, afin de maintenir un niveau de vie convenable. Évidemment, la meilleure option serait celle qui associe rendement supérieur des ressources, meilleure productivité et consommation réduite. Ce tableau est malheureusement rendu un peu plus inaccessible par la pollution qui réduit les quantités d'air, de terre, de denrées comestibles et de ressources marines dont nous disposons. La pollution menace la vie de myriades de plantes et d'animaux avec lesquels nous partageons cette planète et forment des maillons essentiels de la chaîne de la vie.

La pollution de l'environnement par les militaires

L'emploi d'armes à l'uranium appauvri (UA), aussi bien au Kosovo que dans la guerre du Golfe, pollua de grandes étendues de terrain pour les années à venir. Cependant, la pollution militaire ne se limite pas aux champs de bataille. Un des exemples les plus notables est le désastre du canal Love dans les années 1970.

Une filiale de la Hooker Chemical Company, l'une de celles qui fabriquèrent l'Agent orange et autres herbicides et insecticides utilisés au cours de la guerre du Vietnam, se situait à Niagara Falls dans l'État de New York, près d'un canal abandonné. La compagnie utilisait le lit du canal pour y déverser ses containers de déchets toxiques, qu'elle recouvrit de terre de remblai, puis revendit le terrain à l'école du district pour 1 $. Ce même site contenait également des déchets d'uranium provenant de la fabrication de bombes nucléaires pour le projet Manhattan de la Seconde Guerre mondiale.[27]

Bien qu'il y eût une clause dans les actes notariés mentionnant la présence de déchets toxiques sur le terrain, la commission scolaire reçut l'assurance verbale qu'elle pouvait construire sur la propriété. Par la suite, la nouvelle école attira de nombreuses familles avec de jeunes enfants qui se logèrent à proximité. Lorsque vinrent les pluies, les containers se mirent à rouiller, et la soupe toxique commença à déborder dans les sous-sols et les cours. Des enfants jouant dans un ruisseau proche subirent des brûlures chimiques, et dans chaque maison du lotissement se trouvait au moins une personne souffrant d'une maladie grave. L'un des témoignages les plus poignants de cet épisode fut celui d'un soldat de retour du Vietnam retrouvant dans son arrière-cour le même Agent orange qu'il croyait avoir laissé derrière lui sur le champ de bataille. Les maisons les plus proches des déchets toxiques furent les premières évacuées. L'année suivante, il y eut dix naissances dans les familles qui habitaient juste au-delà de la zone évacuée. Un seul bébé naquit en bonne santé et sans handicap, ce qui motiva l'évacuation de mille nouvelles familles.

Parmi les 2,6 millions de soldats américains enrôlés durant la guerre du Vietnam, beaucoup déclarèrent souffrir de maladies à leur retour, et nombre de leurs enfants vinrent au jour handicapés par de nombreux problèmes de santé. Vingt mille vétérans reçurent des indemnités pour des cancers de la prostate et des poumons, pour la maladie de Hodgkin et le spina bifida chez leurs enfants. Ces indemnités leur furent versées par Dow Chemical Company et Monsanto, deux firmes de l'industrie chimique ayant fabriqué le défoliant.[28] Pourtant, le gouvernement continua de nier l'existence

---

27. *Veterans and Agent Orange Update 1996*, Committee to Review the Health Effects in Vietnam Veterans of Exposure to Herbicides, Division of Health Promotion and Disease Prevention, Institute of Medicine, US National Academy Press, Washington DC.
28. *1.2 Million Award in Agent Orange Suit*, AP, *New York Times*, 27 mai 1996.

de tout problème, et des produits dérivés de leurs recherches sont largement utilisés en agriculture, sur les terrains de golf et dans les parcs urbains.

Au Vietnam, les spécialistes en médecine déclarent qu'un million de Vietnamiens – qu'il s'agisse de combattants, de civils ou de leurs enfants – ont été empoisonnés par l'Agent orange. 75 millions de litres furent épandus sur 10 % du pays, métamorphosant les jungles luxuriantes et les mangroves en friches stériles. Beaucoup d'enfants nés dans ces zones polluées présentent des troubles de l'apprentissage ainsi que des déficiences graves. Le gouvernement américain refusa toute responsabilité concernant les dégâts causés au Vietnam et à ses propres vétérans par l'Agent orange, à l'exception des éruptions cutanées. Quant au gouvernement vietnamien, il hésite à trop protester au sujet de cette pollution, de peur de nuire au tourisme et aux exportations agricoles.[29]

Lorsque se produisirent les événements du canal Love, j'habitais dans les environs et travaillais au centre local de recherche sur le cancer. Quand je repense à cet incident, je trouve stupéfiant que personne n'ait fait la relation entre ce problème local et celui plus large de la guerre. Cette affaire est ainsi considérée comme un désastre de l'industrie chimique sans rapport quelconque avec le combat des vétérans de la guerre du Vietnam.

Les activistes du canal Love fondèrent alors le Bureau d'information, afin d'aider tous les citoyens des États-Unis à obtenir des renseignements sur les décharges de déchets toxiques à proximité de leur maison. À la suite de quoi, le gouvernement américain mit en place son Superfund pour assainir les sites de ce type.[30] Des

---

29. Rajiv Chandrasekaran, *War's Toxic Legacy Lingers in Vietnam*, *Washington Post Foreign Service*, 18 avril 2000.
30. Le Superfund entra en action lorsque le Congrès eut adopté la loi Cercla (Comprehensive Environmental Response, Compensation and Liability Act), en 1980. Il fut ensuite modifié en 1986 par la loi Sara (Superfund Amendments and Re-authorization Act), qui accorda plus de 15 milliards de dollars pour assainir plus de deux mille sites pollués reconnus comme présentant une menace sévère pour la santé humaine. Les coûts d'assainissement moyens par site furent estimés à 30 millions de dollars.

milliers furent identifiés, pour la plupart des décharges qui fuyaient, des terrains contigus à des bases militaires ou des usines de fabrication d'armement. Toutefois, il semble qu'il y eût une tentative de créer une distinction entre pollution militaire et pollution civile dans l'esprit des citoyens. L'une des premières cibles du Superfund fut Canonsberg en Pennsylvanie, une usine de transformation qui traitait l'uranium en provenance du Congo belge pour le projet Manhattan. Dès que le gouvernement américain découvrit que tous les sites de production et de recherche sur l'uranium et le nucléaire seraient sur la liste du Superfund, il les déféra au traitement spécial du ministère de l'Énergie. À partir de là, on ne trouva plus dans la liste que les décharges de déchets chimiques.

Les citoyens américains avaient accès à la législation sur l'environnement, à la réparation effective des dommages et aux opérations d'assainissement, mais pas à celles concernant l'extraction de l'uranium dans les pays en voie de développement. Les matières premières nécessaires à la fabrication d'armement sont le plus souvent extraites au prix de la santé des travailleurs et de l'environnement local, de même que les terres fertiles sont détruites et les ressources les plus précieuses exportées contre de maigres bénéfices financiers pour les locaux. C'est ainsi que les programmes militaires de haute technologie et leurs exigences viennent s'ingérer dans le développement des pays émergents. Les citoyens de Bukit Merah, une ville de 15 000 habitants près d'Ipoh en Malaisie, le découvrirent à leurs dépens.

La Asian Rare Earth Company (ARE)[31]

Créée en Malaisie le 23 novembre 1979 avec l'objectif de produire des terres rares pour l'industrie électronique,[32] cette compagnie appartenait conjointement à la société japonaise Industries Chimiques Mitsubishi pour (35 %) et malaisiennes Minerals Beh (35 %), Tabung Haji (20 %) et à Bumiputeras (10 %).

---

31. « Compagnie Asiatique des Terres Rares ».

32. « Les **terres rares** sont un groupe de métaux aux propriétés voisines comprenant le scandium $_{21}$Sc, l'yttrium $_{39}$Y et les quinze lanthanides. » Source Wikipedia : https://fr.wikipedia.org/wiki/Terre_rare.

La compagnie ARE employait un certain procédé chimique pour extraire l'yttrium du xénotime et des chlorures de monazite. Le xénotime et la monazite sont des déchets minéraux associés à l'extraction de l'étain en Malaisie. Les partenaires malaisiens fournissaient les matières premières et Mitsubishi achetait les produits finis. Utilisés pour les équipements électroniques comme les ordinateurs ou les écrans de télévision, et dans la technologie du laser, ils étaient tous exportés vers les États-Unis, l'Australie et le Japon. Ces échanges commerciaux produisaient un chiffre d'affaires annuel de 16 millions de dollars, mais, en raison d'importants frais généraux, la compagnie ARE ne paya jamais de taxes ni ne dégagea de bénéfices. En conséquence, l'économie malaisienne ne tira jamais de grand profit de cette nouvelle industrie.

Les déchets produits par la compagnie ARE, environ 2 250 tonnes par an, contenaient un concentré de thorium et de radium dépassant de six fois le niveau reconnu internationalement comme dangereux et nécessitant un traitement spécial. Ce type de déchets libèrent des gaz radioactifs de thoron et de radon en continu et doivent être isolés de la biosphère pendant au moins 500 000 ans. Cependant, la compagnie mit ces matériaux dangereux dans de simples sacs plastiques et les jeta au fond de tranchées à ciel ouvert derrière l'usine. Les chiens errants déchiraient alors les sacs et dispersaient leur contenu sur une large étendue, dont certains endroits où jouaient les enfants.

Les habitants commencèrent à se rendre compte du danger que représentait cette usine le jour où deux femmes enceintes travaillant comme employées de service dans l'entreprise donnèrent naissance à deux enfants gravement handicapés. À la suite des plaintes déposées par les familles, la compagnie commença à entreposer les déchets dans des bidons et le gouvernement malaisien réclama une inspection de l'Agence internationale de l'énergie atomique (AIEA). Comme nous l'avons déjà signalé, elle est mandatée par les Nations Unies pour promouvoir l'énergie nucléaire et les activités qui s'y rattachent. Toutefois, les trois experts mandatés exprimèrent leurs préoccupations concernant les manipulations inconsidérées de ces déchets dans l'usine. Le rapport recommanda :

> L'actuel stockage de déchets d'hydroxyde de thorium doit être éliminé **immédiatement**, car les fûts ne sont pas obturés convenablement, ils ne sont pas protégés de la pluie ou des inondations, il n'y a pas d'écran protecteur et il n'existe pas de zone tampon pour se protéger des radiations externes.[33]

Douze autres mesures de sécurité furent ordonnées par l'AIEA. Le gouvernement malaisien décida d'entreposer les déchets de thorium dans le centre de recherche nucléaire national, le Centre Tun Ismail, pour être éventuellement réutilisés. En 1982 fut proposé un site près de Parit, une petite ville dans le Perak, comme lieu de stockage, mais les habitants organisèrent un mouvement de protestation, et le gouvernement abandonna ce projet. En avril 1984, il choisit un nouveau site, à un kilomètre de Papan, une ville de 1 500 habitants située à proximité de terres agricoles et près de réserves d'eau douce. Des tranchées pour les déchets furent creusées au sommet d'une colline dont les eaux ruisselaient vers les terres fertiles en contrebas.

Ces tranchées furent déclarées dangereuses par l'AIEA en raison du stockage de déchets radioactifs, mais elles étaient même non conformes aux règlementations du génie civil pour le traitement des déchets non dangereux. En octobre 1985, la Haute Cour d'Ipoh somma la compagnie ARE d'arrêter toutes ses opérations. La direction fut alors dans l'obligation de bâtir des équipements de stockage temporaire, jusqu'à ce qu'une installation définitive fût construite et les déchets radioactifs fussent enlevés.

Le 6 février 1987, la compagnie ARE, sans requérir l'autorisation

---

33. Voir le procès civil n° 185 de 1985, à la Haute Cour de Malaisie de Ipoh, entre Woon Tan Kan (décédé) et al. et Asian Rare Earth Sendirian Berhad. Ordonnance de la Cour d'interrompre les activités, 14 octobre 1985. Les documents judiciaires soutenant cette injonction comportent les recommandations de l'Agence internationale pour l'énergie atomique (IAEA).

de la cour, déclara qu'elle s'était conformée aux décisions du tribunal, et relança la production. L'affaire fut de nouveau portée en justice en septembre 1987, et les débats se poursuivirent par intermittence durant deux ans.[34] Pendant le procès, qui attira l'attention internationale, il apparut que Mitsubishi était confrontée aux mêmes difficultés dans son usine japonaise, si bien qu'elle dut déménager en Malaisie après avoir été expulsée du Japon en raison de pollutions ayant provoqué des maladies dans la population locale.

Au cours du procès, les Malaisiens témoignèrent que cinquante-et-un de leurs enfants étaient gravement handicapés (chiffre anormalement trop élevé au sein d'une population malaisienne de cette taille), qu'un nombre alarmant de femmes avaient fait des fausses couches, et que quatre enfants furent victimes du cancer (un taux environ vingt fois plus élevé que la normale). Ils firent également venir le Dr Sadeo Ichikawa, éminent radiologue et généticien japonais, ainsi que moi-même, afin de mesurer les radiations encore émises par l'usine et évaluer les effets nocifs sur la santé des habitants. Des membres de l'AIEA, la Commission internationale de protection radiologique et la société mère Mitsubishi assistèrent à toutes les séances au cours des deux ans que dura le procès, et témoignèrent en faveur de la compagnie ARE. Malgré tout, la cour finit par condamner la compagnie et demanda de nettoyer le site puis de quitter la Malaisie. Bien que nous n'ayons pas pu prouver les retombées sanitaires en 1987, car les maladies causées par l'exposition aux radiations mettent souvent des années avant de se manifester, nous avions pu démontrer que de la radioactivité s'échappait encore de l'usine et qu'il n'existait aucune manière de la faire fonctionner sans que de telles émissions se produisent. La cour rejeta toute revendication de l'entreprise déclarant que ces émissions étaient inoffensives ou que la radioactivité naturelle était encore plus puissante.

---

34. J'ai assisté à la quasi-totalité des audiences du tribunal pendant cette période de deux ans, en apportant mon aide aux juristes qui défendaient les citoyens.

Cet incident illustre la manière dont les « métastases cancéreuses » des exigences militaires se propagent dans la société civile. Les multinationales semblent perdre de l'argent lorsqu'elles manufacturent des produits militaires, mais elles continuent de les fabriquer pour se maintenir à « la pointe » de la recherche. Pour réaliser des bénéfices, elles développent des produits dérivés pour lesquels elles créent des marchés dans notre société civile. À mon avis, cette invasion insidieuse du monde civil est un aspect important de la pollution militaire de notre planète et du coût ultime de la guerre.

Alors qu'il n'est pas difficile d'ouvrir un dossier en justice pour mettre fin à la mort et à la destruction causées par les militaires, qu'en est-il réellement des soi-disant bénéfices engendrés par la science militaire ? L'histoire humaine n'est-elle pas marquée par les victoires militaires et les avancées de la civilisation qui y sont associées ? La richesse et le haut niveau de vie qui ont suivi la Première Guerre mondiale ne sont-ils pas le fruit de la liberté sécurisée ? L'un des bénéfices des découvertes des militaires est notamment l'assainissement de l'eau potable par l'utilisation du chlore, ce qui a sauvé des millions de vie. Un examen plus approfondi de cet argument s'impose.

Le programme pacifique du chlore

Par le passé, la plupart des programmes militaires trouvaient rapidement des applications médicales qui rendaient le produit ou la technologie « indispensable » à la vie de notre société. Un point qui éveilla ma curiosité au sujet du programme spatial fut l'empressement des militaires à pousser les compagnies pharmaceutiques à prendre part à la fabrication de médicaments dans l'espace. J'avais déjà pu noter un schéma identique avec le chloroforme, un anesthésique développé à partir de gaz de chlore, utilisé pendant la Première Guerre mondiale ; de même, la technologie nucléaire consécutive à la Seconde Guerre mondiale engendra la médecine nucléaire. Nous nous retrouvons aujourd'hui dans une position semblable, en quelque sorte, car la technologie qui produit les armes biologiques et nucléaires a également conduit aux aliments irradiés et génétiquement modifiés.

Le chlorure de sodium, ou sel de mer, est un élément naturel de l'environnement, mais le chlore, élément gazeux séparé du chlorure de sodium et hautement réactif, n'existe pas naturellement et fut utilisé pour la première fois, de manière intensive, pendant la Première Guerre mondiale. Ensuite, les USA introduisirent une clause interdisant l'usage de gaz toxiques et d'armes bactériologiques dans le Protocole de Genève, des « règles de guerre » généralement acceptées par tous les pays. Au moment où éclata la Deuxième Guerre mondiale, la plupart des nations l'avaient signée, à l'exception des États-Unis et du Japon. Finalement, le Japon suivra en 1970 et les USA en 1975, mais il y est fait exception des gaz utilisés dans « le contrôle des émeutes, les herbicides et les défoliants chimiques ». En effet, les États-Unis avaient entretemps mis au point de nouveaux produits et voulaient garder la possibilité d'en faire usage.

La communauté scientifique est fascinée par le chlore et veut développer de nouvelles applications de ce gaz. Il fut vite découvert qu'il est possible de le combiner avec le carbone, un des éléments de base de la vie, et de donner ainsi naissance à différents nouveaux composants : du chlorométhane, du chlorure de méthylène, du chloroforme et du tétrachlorure de carbone. Le chloroforme n'est plus utilisé comme anesthésique, car nous savons maintenant qu'il s'oxyde à l'intérieur du corps humain pour former du phosgène, un autre gaz très toxique et souvent mortel. Il a été prouvé que le chloroforme est toxique pour le foie et les reins. Nous avons utilisé le tétrachlorure de carbone durant des années comme fluide dans les nettoyages à sec, jusqu'à ce que nous découvrions qu'il provoque de graves lésions au foie, le cancer du foie et la leucémie lymphatique. Il est maintenant interdit dans de nombreux pays, et son usage est sévèrement réglementé dans d'autres.

Au début des années 1940, la chimie du chlore devient un

important marché : un ingénieur dans l'industrie du chlore pouvait alors être certain d'obtenir un travail à vie. Nous avons estimé que des dizaines de milliers de nouveaux composés furent synthétisés à partir de cet élément. Et tous furent largement répandus dans la biosphère avant même que ne soit testée leur toxicité de manière approfondie, tous étant artificiels et étrangers à notre Terre où tout se recycle.

Le chlore est aujourd'hui un élément incontournable des industries du papier, des produits pharmaceutiques, des plastiques et des pesticides. Il était et est encore utilisé directement pour purifier l'eau potable, en étant incorporé dans des produits de consommation courante comme les textiles, les réfrigérateurs, les aérosols, le caoutchouc et les produits chimiques agricoles. C'est un ingrédient essentiel dans environ la moitié des quarante-huit produits chimiques courants les plus dangereux pour notre planète.

Après que le chlore ait été utilisé pour purifier l'eau potable ou blanchir le papier, il est finalement rejeté comme déchet dans une rivière ou un lac voisin. Ces corps naturels sont remplis de matière organique qui se décompose. Celle-ci se combine avec le chlore et forme des composés organochlorés qui, pour la plupart, sont extrêmement toxiques. L'un des effets les plus effrayants de ces composés organochlorés est la création de nouveaux composés appelés « pseudo-œstrogènes », qui imitent l'effet des hormones femelles chez les animaux (y compris les humains). Il en résulte des malformations congénitales à la naissance, des anomalies de reproduction, une espérance de vie affaiblie et la féminisation des individus mâles. Les pseudo-œstrogènes sont incriminés dans les cancers du sein et de la prostate, l'augmentation considérable de l'endométriose, les problèmes neurologiques et de développement chez l'enfant.

Une autre évolution de la technologie du chlore est le développement des chlorofluorocarbones (les CFC), donnant ainsi des « ailes » au chlore, ce qui lui permet de s'envoler plus facilement dans la stratosphère. Les CFC contribuent à la pollution atmosphérique et à l'effet de serre.

Les produits dérivés du chlore se sont maintenant immiscés dans tous nos achats, bien qu'il existe de nombreuses alternatives. Une fois ces produits intégrés, le changement se heurte à une forte pression économique, même s'il s'avère une mesure de sagesse. L'essor de toute une gamme de pesticides mettant en danger la santé des hommes, des animaux et de l'environnement est l'un des aspects les plus insidieux et meurtriers des composants du chlore.

Un pesticide appelé « chlordiméform » est introduit en 1966 dans la chaîne de production commerciale par Schering AG (Allemagne) sous la marque Fundal, et par Ciba-Geigy (Suisse) sous la marque Galecron. En 1968, le produit est enregistré comme utilitaire contre les insectes nuisibles de la pomme, la poire, la pêche, la nectarine, la prune, le pruneau, les noix, le chou, le brocoli, le chou-fleur et les choux de Bruxelles. En 1972, il est agréé une nouvelle fois contre le ver du coton et le ver du tabac. Après toutes ces certifications, le chlordiméform se vend dans le monde entier sous vingt marques commerciales différentes.[35]

Entre 1976 et 1978, Ciba-Geigy étudie les effets de ce pesticide sur la santé de l'homme. En Égypte, six enfants « volontaires », âgés de dix à dix-huit ans, sont aspergés de ce produit, sans avoir reçu de vêtements protecteurs ou d'appareils respiratoires. Ils souffrent ensuite de diarrhées, d'étourdissements, de maux de tête, de maux d'estomac et d'autres symptômes provoqués par l'empoisonnement au chlordiméform.[36] Ce pesticide cause également des tumeurs malignes rares des vaisseaux sanguins chez 70 à 80 % des animaux exposés à son action.

En 1976, Ciba-Geigy et Schering AG suspendent volontairement la fabrication et la vente du chlordiméform et recommandent son usage limité sur les récoltes de coton. Bien qu'ils n'aient pas porté

---

35. Parmi les appellations commerciales données au chlordiméform, il y a : Acaron, Bermat, Bermachlorfenamidine, C8514 Chlordimeform, Chlorophenamide, ciba 8514, ciba-C 8514, COTIP 500 ec, ENT 27567, EP-333, Fundal 500, Fundex, Galecron, Ovinaovitix, Ovitoxionschhering-32268, RS 141, Schering 36268, Spanon et Spanone.

36. *Return to the Good Earth; a Third World Network Dossier,* Third World Network, Penang, Malaysia. Voir aussi *Dangerous Exposures, India Today,* 15 janvier 1985.

à la connaissance du public les résultats de leurs études, il est clair que toutes les autres récoltes pour lesquelles ce produit fut conseillé, y compris le tabac, pouvaient conduire à y exposer l'être humain. Il fallut attendre juin 1985 pour qu'un groupe d'action civile, le Pesticide Action Network (PAN), s'en prenne au chlordiméform et le déclare dangereux pour la santé, alors qu'il est déjà fabriqué dans le monde entier.[37]

En 1990, il est interdit en Australie, à Chypre, au Danemark, en Équateur, en Nouvelle-Zélande, au Pakistan, en Union soviétique, en Thaïlande et en Yougoslavie. Il est strictement réglementé en Colombie, en Allemagne de l'Est, au Guatemala et aux États-Unis. Il ne s'agit seulement que d'un produit de cet ordre parmi des milliers d'autres, et ce n'est pas le plus toxique, loin de là.

Le désastre de Bhopal démontre combien la production de pesticides peut être meurtrière. En décembre 1984, l'usine de pesticides Union Carbide à Bhopal, en Inde, laisse s'échapper de l'isocyanate de méthyle (MIC), ainsi que vingt-six autres gaz toxiques, dans un quartier surpeuplé à l'heure où les habitants dorment. Dix mille personnes sont tuées sur-le-champ, et plus de deux cent mille décèdent ou deviennent handicapées à vie dans les douze années qui suivent.

Les produits chimiques répandus font tous partie de la composition d'un pesticide, le Sevin, ou en sont des produits dérivés. Union Carbide autorisait des pratiques dangereuses au sein de son usine indienne, pourtant interdites dans ses installations aux États-Unis, en fermant délibérément les yeux sur de graves accidents et en ignorant les mises en garde des ouvriers de l'usine sinistrée.[38]

---

37. NdT : « Le chlordiméform est connu pour faire partie de la *dirty dozen* ou douzaine de polluants majeurs à l'échelle mondiale, selon la Convention de Rotterdam. [...] Le chlordiméform est reconnu comme cancérigène dès 1983. » Source : Wikipedia.

38. T. R. Chouhan et al., *Bhopal: The Inside Story,* avec une postface, *Bhopal, Ten Years Later*, de Claude Alvares et Indira Jaising, publié en coopération avec la Coalition internationale pour la Justice pour Bhopal, par The Apex Press / The Other India Press, Inde, 1994.

Bien que ce désastre industriel ait brutalement mis en lumière les problèmes soulevés par les pesticides, des millions de personnes perdirent la vie ou furent lourdement handicapées à cause de ces produits. Des hommes et des femmes furent contaminés en cultivant leurs terres, en manipulant des produits agricoles ou en ingérant des aliments. Un rapport de cent quarante pages, rédigé par la Commission alimentaire de Londres (LCF), constate que quarante-neuf pesticides autorisés en Grande-Bretagne sont liés à la formation de cancers, trente-et-un sont associés à des malformations congénitales chez les animaux et soixante-et-un sont suspectés de provoquer des mutations génétiques. Le ministère de l'Agriculture admit qu'il ne contrôlait pas de façon systématique la teneur en résidus de pesticides des denrées alimentaires vendues en magasin. Le Dr Tim Lang, directeur de la LCF, déclara que les tests faits par le laboratoire du ministère étaient si insuffisants que seulement cent dix résidus pouvaient être détectés sur les 426 pesticides pour lesquels il avait accordé un permis.[39]

Les habitants du tiers-monde sont dans une situation bien plus catastrophique que celle des pays développés. Selon les chiffres de l'Organisation des Nations Unies pour l'agriculture et l'alimentation, neuf mille personnes y meurent chaque année des suites d'un empoisonnement aux pesticides. À Delhi, la graisse corporelle des gens ordinaires contient 20 ppm (parties par million) de DDT (dichlorodiphényltrichloroéthane), un taux plus élevé que partout ailleurs dans le monde. L'Organisation mondiale de la santé considère que le taux admissible maximum est de 1,2 ppm.[40]

Bien que nous, humains, soyons de façon très compréhensible plus particulièrement préoccupés par la santé de notre propre espèce, cette technologie génère un impact énorme sur l'environ-

---

39. Peter Snell et Kirsty Nicol, *Pesticide Residues in Food: The Need for Real Control*, Rapport de la Commission londonienne pour l'alimentation cité dans *49 Pesticides in Link with Cancer, Report Claims*, James Erlichman, *Guardian*, 4 mars 1986.
40. Amitya Baviskar et Chiranjeev Bedi, Third World Network, *Why Pesticides Can Never be Safe*.

nement. Le sol s'est transformé en réservoir de pesticides, de solvants, d'herbicides et autres produits toxiques, qu'il libère et rejette progressivement dans la biosphère. Vingt ans après qu'une substance ait été interdite, elle peut encore apparaître dans des préparations pour gâteaux, des céréales, des graines, du coton, dans les maisons et dans l'eau potable. Selon Joe Pignatello de la Station d'expérimentation en agriculture du Connecticut (CAES), « le seul moyen sûr d'extraire du sol les contaminants organiques est de rassembler toute la terre du champ, de la passer dans un four à plus de 800°C, puis de récupérer et de remettre ce qui sort du four au sol ». Le traitement d'1 m³ de terre par ce moyen coûterait entre 500 et 1 000 $. Dans le Connecticut, ces poisons ont également envahi les nappes phréatiques et les ont contaminées jusqu'à deux cents fois le niveau des consignes de sécurité de l'État.[41] Malgré notre meilleure connaissance des conséquences engendrées par ces comportements insensés, les techniques d'agriculture chimique se poursuivent.

Dans son livre *Silent Spring*, Rachel Carson souligne que les chercheurs, en raison de leur spécialisation trop précise, se fixent un objectif unique, tel que tuer un parasite, et dès lors n'envisagent pas les nombreux problèmes qui peuvent intervenir dans un écosystème exposé à l'utilisation généralisée de leur produit.[42] Dans une critique de son livre, Robert Rudd fait remarquer que « *Silent Spring* est un avertissement biologique, un commentaire social et un rappel à l'ordre moral, Avec insistance, [Rachel Carson] invite les technologues à prendre le temps de s'asseoir et de faire le point ».[43]

Les pesticides, herbicides et défoliants à base de chlore créés par l'armée pour la guerre du Vietnam furent lancés sur le marché avec un minimum de tests ou de législation pour contrôler leur dispersion. Ces produits sont considérés comme « inoffensifs » jusqu'au moment où leur toxicité est prouvée. Cela a-t-il été bénéfique à la

---

41. Beth Hanson, *Spoiled Soil, Amicus Journal*, été 1989.
42. Rachel Carson, *Silent Spring,* Houghton Mifflin, New York, NY, 1962.
43. Robert Rudd, *Pesticides and the Living Landscape,* cité dans *The Witch-hunt of Rachel Carson*, de Frank Graham Jr., *The Ecologist*, vol. 10, n° 3, mars 1980.

société ? Certains diront que l'assainissement de l'eau à lui tout seul justifie toutes ces manipulations chimiques. Pourtant, il existe d'autres façons, bien meilleures, de purifier l'eau potable, avec du peroxyde d'hydrogène par exemple, ou des rayons ultraviolets. On est en droit de se poser des questions sur l'utilisation de produits à base de chlore, dans les guerres comme dans nos maisons, car ce sont des poisons pour l'environnement, des mutagènes et des cancérigènes. Ils détruisent les ressources écologiques de la Terre et la possibilité d'une gestion durable.

Vers le futur

Je dois admettre que cette exploration de notre passé est quelque peu déprimante. Il est triste de constater comment l'usage sans discernement des engrais chimiques peut provoquer l'érosion massive de la terre arable autrefois si fertile, et comment la pêche intensive peut épuiser les riches réserves de poissons qui alimentent la vie depuis des centaines de milliers d'années.

Le monde militaire est non seulement destructeur par son usage et mésusage des ressources naturelles, mais il contribue également à aggraver certains des problèmes de survie les plus insolubles qui caractérisent le XXIe siècle. Une gestion avisée sait préserver des terres pour la biodiversité, créer des réserves naturelles et faire face aux situations d'urgence. Nos faillites sociales, qui se manifestent au travers des guerres, du chômage, du sous-emploi et de l'extrême pauvreté, affaiblissent gravement la productivité des ressources humaines, de même que l'illettrisme et l'absence d'éducation appropriée. Nos recherches scientifiques se sont tournées prioritairement vers l'acquisition d'armes destructrices et vers le profit, non pas vers la quête de solutions à ces problèmes urgents.

Deux chemins pouvant nous mener vers la stabilisation mondiale de la population et des ressources se dessinent : le premier utilise la force et la violence pour réduire le nombre d'habitants et limiter la consommation ; l'autre propose de réduire le besoin de s'agrandir des familles en leur offrant les moyens de base pour vivre, en les mettant à l'abri des violences et en accroissant la productivité de leurs ressources. Ce second chemin compte beaucoup de partisans. Le 4 avril 2000, Kofi Annan, secrétaire général des Nations Unies, exhorte les pays riches à « prendre des initiatives hardies pour mettre fin aux situations les plus criantes de pauvreté ».

Il demande une aide d'urgence pour le 1,2 milliard d'hommes vivant avec moins d'1 $ par jour. Il présente un agenda pour le XXIe siècle qui prévoit de l'eau potable pour tous, envisage de réduire l'épidémie du Sida, met l'alphabétisation à la portée de chacun, assure des distributions gratuites de marchandises aux plus pauvres, lutte contre le trafic des armes légères et restructure le Conseil de sécurité des Nations Unies. C'est un agenda ambitieux, qui nécessite l'accroissement de la capacité de production des ressources terrestres, la réduction de leur consommation excessive et le renversement des activités de destruction. Serons-nous capables de trouver des solutions conduisant à de meilleures performances et à l'autosuffisance écologique, assurant la paix et le règne de la loi ? Saurons-nous parvenir à une juste redistribution des biens et des services, aussi bien à l'intérieur qu'entre les nations ?

Je crois que nous devons prendre des mesures claires. Comme pour toutes les maladies graves, il existe un traitement d'urgence, suivi d'une longue période de convalescence pendant laquelle il faut faire confiance aux pouvoirs réparateurs de la nature. À mon avis, la première mesure d'urgence que nous devons prendre est de mettre un terme aux activités militaires. Cette décision à prendre et le long processus de modification de nos comportements reposent sur la capacité humaine de changer.

TROISIÈME PARTIE

REPENSER LA SÉCURITÉ

Sécurité militaire dans le nouveau millénaire

Les problèmes auxquels nous devons faire face en ce début de XXIe siècle concernent les questions interconnectées du militarisme, de l'économie, de la politique sociale et de l'environnement. La consommation des ressources mondiales dépasse d'au moins 33 % les capacités de régénération de la Terre. La guerre et ses préparatifs réduisent les réserves de ces ressources encore davantage, créant un cercle perpétuel dans lequel la course aux matières premières engendre des conflits toujours renouvelés. Cela signifie que, pour survivre, notre monde a besoin d'une politique de tolérance zéro face au pouvoir destructeur de la guerre.

Je dois reconnaître cependant qu'avoir exposé les pratiques extrêmes des forces militaires d'aujourd'hui et souligné la crise des ressources ne nous apportera de changement que si nous abordons par la suite la question de la sécurité. Le soutien populaire dont bénéficie l'armée est dû à la peur, qui trouve son origine dans des centaines d'années d'écrits historiques. Nous ressentons le besoin de posséder des armes pour nous protéger contre celles de l'ennemi. Ce sentiment de peur justifie le développement et l'accumulation de nouvelles armes, il nous persuade d'élire des dirigeants qui n'hésiteront pas à utiliser la violence. Cette situation pousse les militaires vers la fonction publique, ce qui renforce la croyance que la force armée est la meilleure assurance de sécurité. Si le public était convaincu qu'il existe des alternatives viables et véritables à la guerre, de tels personnages perdraient leur mandat.

Par conséquent, il devient vital de forger un nouveau concept de sécurité où la Terre et ses habitants passeront au premier plan. Si l'ancien paradigme de sécurité protège les richesses, les investissements financiers et les privilèges par la menace et l'utilisation de la violence, ce nouveau concept propose une vision plus égalitaire et donne la priorité à l'humain, aux droits de l'homme et à la santé de notre environnement. L'idée de sécurité en soi n'est pas abandonnée, elle est simplement réalisée au travers de la protection et de la gestion responsable de notre planète. J'appellerais cette nouvelle vision stimulante la « sécurité écologique ». Un tel changement de paradigme requiert une approche complexe face aux multiples facettes des sujets de protection et de distribution des ressources, de résolution des conflits et du maintien de l'ordre naturel du monde. Au chapitre 7, je mettrai l'accent sur certaines des directions que nous pourrions prendre pour atteindre ces objectifs. Pour y parvenir, il nous faut d'abord remettre en question cette conviction selon laquelle la force militaire est un mal nécessaire.

Œuvrer pour le changement

Modifier les croyances de base

Les changements sociaux se produisent toujours après une période durant laquelle une croyance de base est identifiée puis rejetée. Au fur et à mesure que le support et la prise de conscience de ce nouveau mode de pensée prennent corps, le climat politique change et l'ancienne manière de concevoir les choses devient irrecevable. C'est la leçon que l'histoire nous enseigne.

Il me semble, par exemple, que les grands bouleversements sociaux des années 1950 et 1960 sont apparus lorsque nous avons commencé à contester l'idée que chacun doit se conformer aux schémas que la société nous impose. Cette transformation nous a menés vers une nouvelle compréhension des droits humains et civiques, avec un accent particulier mis sur la liberté individuelle et l'acceptation des différences raciales, religieuses et sexuelles.

Une fois qu'une croyance de base est renversée, alors les changements qui en résultent se propagent, mus par leur propre dynamique. Dans les années 1950 et 1960, nous avons vu grandir les mouvements pour les droits civiques, les droits de la femme, le pouvoir noir et les droits des homosexuels. Ces prises de conscience entraînent à leur tour des changements dans la législation, le comportement social, la politique et même le langage. Plus récemment, nous avons vu la reconnaissance des droits de l'enfant, le mouvement contre les enfants soldats, et la formation de groupes défendant les droits des animaux.

Il existera toujours ceux qui résistent au changement – dans les années 1960, le rejet des attitudes dictées par la société fit naître la peur du chaos social. Nous sommes cependant capables de reprendre rapidement le contrôle lorsque les choses vont « trop loin » et de réajuster nos convictions en conséquence. Reconnaître la liberté de l'individu, notamment, ne signifie pas que nous acceptons de le laisser violer les droits d'autrui. Dans le processus de rejet d'une croyance, l'autocorrection et l'ajustement sont des étapes vitales.

La conviction profonde que nous devons combattre aujourd'hui est celle du pouvoir militaire nous procurant la sécurité. Il existe suffisamment de preuves pour (se) convaincre que cette croyance est fausse.

Il est raconté une histoire sur la ville de Vienne, jolie capitale de l'Autriche, qui se trouvait au Moyen Âge sur le chemin des invasions entre les armées de l'ouest et de l'est. La ville était constamment assiégée, aussi ses défenseurs décidèrent de construire une haute muraille, qui fut renforcée au fur et à mesure des années. Cependant, il arriva un jour où ses habitants commencèrent à manquer d'espace et voulurent étendre la cité au-delà des limites de ses murs. Il leur fallut choisir entre deux possibilités : abattre les murs pour permettre à la cité de grandir, en prenant le risque d'être attaqués, ou construire un mur encore plus haut, encore plus puissant, au-delà du premier. Vous pouvez imaginer le feu des controverses et les funestes prédictions qui s'ensuivirent ! Finalement, le référendum fut remporté par ceux qui souhaitaient abattre le mur. Nous pouvons encore en voir les restes aujourd'hui :

ils constituent les soubassements de la rocade autour du centre-ville. Une fois le mur détruit, Vienne cessa de représenter un défi, un trésor à conquérir pour les envahisseurs et les sièges incessants s'interrompirent. C'est peut-être là une simplification excessive de l'histoire, mais il me semble qu'elle souligne la nécessité de remettre parfois en question la sagesse proverbiale.

Faire pression pour obtenir le changement

Le premier pas vers le changement est d'être convaincu de sa nécessité. Nous pouvons considérer qu'il s'agit de l'étape théorique, basée sur l'observation et l'évaluation. La deuxième étape consiste en une démarche pratique, au cours de laquelle les gens se réunissent pour échanger idées et informations et faire pression pour engager une transformation sociale. En réalité, ces deux étapes se poursuivent simultanément : les discussions donnent naissance à des groupes de personnes qui partagent les mêmes vues et s'engagent plus avant dans une analyse approfondie de la situation.

Il est clair que les problèmes divers exposés dans ce livre demandent des solutions diversifiées. En aucun cas, une personne isolée ou une seule organisation ne peuvent disposer de la clairvoyance nécessaire pour appréhender tous les enjeux à prendre en compte. Tous, qu'ils travaillent pour la paix, la justice économique, l'équité sociale ou l'intégrité environnementale, doivent rester en contact afin de partager leurs idées et leurs connaissances. « Rester connectés », quand il s'agit d'un projet aussi grandiose, ne signifie pas parvenir à aboutir à un accord absolu sur tous les points mais plutôt demeurer dans un échange constant d'informations, d'actions, de retour d'expérience et de réévaluation. Un dialogue honnête qui prend en considération les succès comme les échecs est la meilleure protection contre les erreurs graves qui peuvent se produire au cours de l'élaboration d'une politique alternative.

Le côté positif d'une gamme de problèmes aussi complexes est qu'elle permet de valoriser une multitude de talents. Chacun et chacune peut trouver le domaine qui lui permettra d'être utile et apprécié. Ainsi, tandis que les chercheurs et les ingénieurs interprètent les données scientifiques, nous avons également besoin de personnes capables de communiquer ces connaissances à l'ensemble du public. Par exemple, le message dévoilant les dangers des armes nucléaires s'exprima à travers l'art, dans les pièces de théâtre, la poésie et ainsi fut transmis par la télévision, les journaux et les magazines.[44]

Une fois que l'individu a su définir ses compétences et le problème qu'il désire traiter, il lui faut trouver le groupe approprié de personnes qui partagent ses vues, avec lesquelles il peut travailler et trouver du soutien. Il existe déjà des mouvements en faveur de la paix, d'autres qui réclament la sécurité alimentaire, œuvrent pour l'égalité sociale ou la protection de l'environnement, ainsi que des organisations qui poursuivent le combat contre « l'ancienne croyance » – les mouvements antimilitaristes, Abolition 2000 (pour le désarmement nucléaire), des coalitions contre la course aux armements, et des campagnes contre le trafic d'armes. S'il n'existe aucune organisation ou mouvement concernant le problème à traiter, il faudra peut-être en créer un. Une action concertée peut associer des groupes locaux, tels que les commissions scolaires, les associations professionnelles, les conseils paroissiaux et les clubs de bienfaisance, mais également des organisations internationales telles que le World Wildlife Fund (WWF), Greenpeace et l'Unicef. Le point le plus important est que les efforts réalisés visent la coopération et non la compétition. La façon dont nous organisons la réforme fait partie du processus de guérison. Puisque la confrontation et la compétition ont fait naître appétits démesurés et actes de violence, nous devons faire preuve en retour de compétences diamétralement opposées pour remédier au déséquilibre.[45]

---

44. Joanne Macy, *Despair and Personal Power in the Nuclear Age,* New Society publishers, Philadelphie, 1983.
45. Il est possible d'obtenir des informations sur les organisations de paix locales, nationales et internationales par le Bureau International de la Paix : www.ipb.org.

Suppression progressive de l'armée

Comment pourrions-nous réellement mettre un terme à l'organisation militaire ? Le premier et le plus important des impératifs est de faire passer les forces armées sous contrôle civil. Nous devons ensuite envisager un désarmement effectif et la réorientation des ressources militaires, y compris humaines, vers des objectifs humanitaires. En dernier lieu, nous devons chercher des voies alternatives pour résoudre les conflits. La communauté scientifique doit également être prise en compte dans cette équation afin que le désarmement devienne une réalité de long terme.

Contrôle des forces militaires

Beaucoup de gens furent scandalisés lorsque l'Otan décida, de son propre chef, de bombarder le Kosovo. Si l'Otan ou toute autre coalition extérieure aux Nations Unies est en mesure de dicter la politique militaire, les chances de promouvoir une solution de paix en cas de crise sont gravement compromises. La sécurité pour la population est plus grande lorsque les actions internationales reposent sur des décisions prises par une autorité civile et sont couvertes par la loi.

Au cours d'un déjeuner organisé à New York le 8 juillet 1999, Jayantha Dhanapala, sous-secrétaire général des Nations Unies au désarmement, mit en garde contre la mondialisation rapide de l'industrie des armements qui, selon lui, permettra « à l'argent, à l'information et aux produits non-réglementés, de circuler entre les pays et leurs affiliés, en dehors de tout contrôle efficace des gouvernements ».[46] Le libre commerce des armes représenterait pour les pays ou les organisations la possibilité de secrètement bâtir des réserves d'armement et de fabriquer des armes extrêmement destructrices sans qu'aucun regard ou contrôle civil n'intervienne.

---

46. *Peril Seen in Globalizing Arms Industry, Disarmament Times,* publié par le NGO Committee on Disarmament, 777 UN Plaza, New York, NY, septembre 1999, p. 1.

Une force de police internationale, sous la supervision des Nations Unies, rendrait impossible ces préparatifs de guerre clandestins. Étant donné la responsabilité égale de cet organisme devant toutes les nations, il ne pourrait être sujet à la concurrence qui existe entre les pays et, par conséquent, ne nécessiterait pas d'augmentation constante de sa puissance de feu. Bien sûr, il lui faudra rendre compte de ses actions et de ses prises de décisions devant l'Assemblée générale de l'ONU, et il serait important de ne pas concentrer trop de pouvoir sur une même agence ou un même service. Lorsque le pouvoir est dispersé, il est plus difficile d'en abuser.

Toutefois, il est évident que l'objectif de changement ne vise pas seulement la surveillance civile des forces armées, mais ambitionne de démanteler l'organisation militaire dans son ensemble. Ce renversement ne sera pas facile. Aucun pays n'est prêt à faire disparaître ses forces armées, à moins d'être absolument certain que les autres pays en font de même – la peur d'être vulnérable aux attaques est beaucoup trop forte.

Dissolution des armées

Les Nations Unies, avec l'assistance d'ONG comme l'Institut International de Recherche sur la Paix de Stockholm (Sipri), répertorient les dépenses militaires, le commerce et les transferts d'armes depuis de nombreuses années. Il existe aujourd'hui suffisamment de données disponibles pour provoquer le gel efficace des dépenses militaires. Une fois ce gel mis en place, les Nations Unies pourraient exiger tous les ans 20 % du budget de chaque pays pour l'achat de monnaie spécialement créée à cet effet. Cette monnaie pourrait alors être consacrée à la création d'emplois adaptés aux besoins humains, et également utilisée pour veiller au respect des conditions écologiques nécessaires à la bonne santé de la planète :

- toute production doit répondre à un réel besoin planétaire ;
- des méthodes durables de fabrication, distribution, consommation et élimination des déchets doivent être mises en place avant que ne débute une quelconque production ;

- dans un premier temps, les emplois créés doivent contribuer directement à la santé, l'éducation, le service social ou à des secteurs de restauration environnementale de l'économie.

De cette façon, les dépenses militaires sont éliminées progressivement, le personnel de l'armée retrouve des emplois, et nous pouvons faire face aux besoins planétaires les plus urgents. Cette réorientation financière pourrait se poursuivre sur cinq ans, jusqu'à ce que le budget militaire soit réduit à zéro pour toutes les nations membres, mais cette période transitoire pourrait se prolonger jusqu'à dix ans. Le plan impliquerait le départ en retraite du personnel le plus ancien et le transfert des jeunes recrues dans une force permanente de maintien de la paix de l'ONU. Une des difficultés qui pourrait survenir résiderait dans la reconversion des techniciens de haut niveau vers des champs d'activité plus traditionnels et considérés comme « low-tech ». Néanmoins, les scientifiques habitués à travailler sur des systèmes complexes pourraient trouver les vastes questions environnementales, sanitaires et sociales que nous devons affronter aujourd'hui tout aussi stimulantes. Les sciences de la vie, qui jusqu'à présent n'ont pas su attirer les physiciens et les mathématiciens, tireraient un grand profit de ce nouvel afflux.[47]

Redéfinir le contenu de l'emploi militaire serait une autre idée. Après tout, les soldats sont supposés travailler pour nous, en notre nom. L'une des propositions données serait d'utiliser le personnel militaire comme assistance civile dans les catastrophes écologiques telles que les inondations ou les éruptions volcaniques. De plus, ils pourraient accomplir un véritable travail de maintien de la paix après avoir suivi une formation non-violente et acquis des compétences en matière de résolution de conflits. Imaginez ces soldats de la paix sans armes entraînés à l'art de la diplomatie. Quand l'option de la guerre n'existe plus, il est nécessaire d'envisager d'autres solutions,

---

47. La Pugwash Conference on Science and World Affairs est un bon contact pour les scientifiques et les ingénieurs soucieux de la paix.

nombreuses mais encore non expérimentées.[48] Une des suggestions les plus courantes des Nations Unies est la création d'une nouvelle force de maintien de la paix, la Brigade de déploiement rapide, qui opérerait sous le commandement du Conseil de sécurité. Une clause est prévue pour la création d'une telle brigade dans l'article 43 de la charte des Nations Unies. Toutefois, les États-Unis s'opposent directement à cette tentative.

Les USA doivent l'énorme somme de 1,6 milliard de dollars à l'ONU. Fin décembre 1999, menacés de perdre leur droit de vote, ils acceptèrent de payer une partie de leur dette, soit 926 millions de dollars. Ils apportèrent toutefois des restrictions aux termes de l'accord, qui comprend vingt-deux conditions unilatérales. Une de ces conditions est l'interdiction d'une armée régulière des Nations Unies. Seulement 650 millions de dollars de la dette furent réellement remboursés jusqu'à présent, le reste du paiement étant différé jusqu'à ce que les conditions imposées par les États-Unis soient remplies. Il devrait être exercée une pression sur ce pays afin qu'ils payent leur dû sans de telles conditions.[49]

Peu à peu, certains membres ou anciens membres de l'armée mettent en doute la pertinence de leurs activités, notamment des généraux à la retraite opposés à la guerre nucléaire, qui se sont clairement fait entendre en faveur de la suppression des armes nucléaires. Ceux qui croyaient au rôle de l'armée en tant que protection des femmes et des enfants ont découvert une réalité très différente. Les massacres au Rwanda en sont un exemple significatif :

---

48. Voir Richard Deats, *The Global Spread of Active Nonviolence, Fellowship of Reconciliation,* vol. 62, juillet/août 1996, et Arthur Laffin et Anne Montgomery (eds) *Swords Into Plowshares: Non-violent Direct Action for Disarmament, Peace and Social justice,* version révisée, Fortkamp Publ., 1996. Il s'agit d'un recueil d'essais rédigés par de nombreux artisans de la paix contemporains de premier plan, ainsi qu'un ensemble de commentaires concernant des guerres comme celle en Irak.
49. Don Kraus, *Most Americans deplore US tactics, Mondial, Journal of the World Federalists Canada,* janvier 2000.

> Comme beaucoup de mes collègues, je suis allé au Rwanda, croyant que les petits râblés s'étaient tout simplement dressés contre les grands maigres, parce que c'est ainsi qu'il en a toujours été. Mais, deux ans plus tard... mon jugement est très différent. Ce qui s'est produit au Rwanda était le résultat de manipulations cyniques entre de puissants leaders militaires et politiques. Confrontés au choix de partager une partie de leurs richesses et de leur pouvoir avec les insurgés du Front Patriotique Rwandais, ils ont choisi de vilipender le principal soutien de cette organisation, le groupe des Tutsis... Les Tutsis ont été qualifiés de vermine, – « inyenzi » en kinyarwanda –, des cafards qu'il fallait piétiner sans merci... De la même façon que les nazis avaient exploité l'antisémitisme latent en Allemagne, les forces extrémistes Hutu ont ravivé et converti en un déchaînement meurtrier le vieux ressentiment historique contre les Tutsis... Il ne s'agissait pas de tribalisme avant tout, mais de préserver la concentration des richesses et du pouvoir entre les mains de l'élite.[50]

Bien sûr, l'intégralité des membres de l'armée ne porte pas un jugement aussi éclairé, et il est inévitable que se manifestent des résistances au nouveau concept de sécurité. Je considère que l'Otan est l'un des plus grands obstacles au désarmement général en Europe et en Amérique du Nord.

Sécurité européenne

L'Otan emploie toutes ses forces pour exister dans cette période post-guerre froide. Bien que cette organisation inspire toujours le respect parmi ceux qui s'accrochent à l'idée que le pouvoir militaire assure la sécurité, cette conception apparaît de plus en plus anachronique à ceux qui ont changé de vision. C'est une

---

50. Fergal Keane, reporter en Afrique pour la BBC, cité par Nicholas Hildyard et Sarah Sexton, dans *Blood, Culture and Ethnic Conflict*, Cornerhouse Briefing Papers, The Corner House, Sturminster, Newton, UK, janvier 1999.

alliance qui n'a aucun lien légal ou juridique avec les Nations Unies ou la gouvernance mondiale. Dans un article du *Guardian* titré *Les Politiques véritablement éthiques*, Richard Norton-Taylor et Simon Tisdell déclarent :

> La Grande-Bretagne devrait faire pression pour l'abolition de l'Otan. Cette organisation est un vestige de la guerre froide : elle avait alors son utilité, mais elle n'a plus désormais de raison d'être.[51]

L'article prône également une réduction de la dépendance des industries britanniques vis-à-vis du commerce de l'armement, et une participation plus active de l'OSCE (Organisation pour la sécurité et la coopération en Europe) dans la résolution des litiges européens. Ceci va bien sûr à l'encontre du désir de l'armée américaine « d'empêcher l'émergence de dispositifs de sécurité exclusivement européens, qui pourraient compromettre l'existence de l'Otan ».[52]

Effectivement, comme nous l'avons remarqué au chapitre 1 (dans le tome 1), l'Otan s'élargit en Europe et dans l'ancien bloc de l'Est d'une façon qui semble en concurrence avec l'OSCE. Au cours d'un rassemblement des alliés et des ministres des Affaires étrangères partenaires le 30 mai 1997 à Sintra au Portugal, l'Otan créa un Conseil de partenariat euro-atlantique (EAPC). D'après la revue de l'Otan *NATO Review* :

> Une participation active au Conseil de partenariat euro-atlantique et au Partenariat pour la paix, approfondira l'engagement militaire et politique des nations au sein de l'Alliance.[53]

L'adhésion au Partenariat pour la paix est un premier pas vers l'adhésion plus large au sein de l'Otan.

---

51. *Time for Truly Ethical Policies, The Guardian,* 12 juin 2000.
52. 1992 Pentagon Defense Planning Guide.
53. *NATO Review,* juillet-août 1997, p. 9.

Le concept militaire de sécurité constitue le principe de base de l'Otan et les nouveaux membres sont instamment priés de s'équiper du matériel informatique militaire (hardware et software) le plus récent, indépendamment de leurs priorités ou besoins nationaux :

> La procédure d'admission des nouveaux membres de l'Otan s'assure que l'objectif principal de renforcement de la sécurité soit atteint. Les nouveaux membres sont soigneusement préparés à assumer leurs responsabilités et obligations d'adhérents. En entrant dans l'Otan, ils entreront dans une alliance qui favorise non seulement les relations de coopération, mais qui est également ouverte aux autres démocraties capables et désireuses de poursuivre le but commun de sécurité et de stabilité en Europe.[54]

Les membres les plus récents devront ainsi accepter la politique nucléaire de l'Otan et renforcer son interprétation restrictive de la « sécurité et stabilité ». Dans ce contexte, la « coopération » concerne en premier lieu la compatibilité militaire. Selon Sergio Balanzino, secrétaire général adjoint de l'Otan, la puissance militaire du Partenariat pour la paix comprendra :

> une coopération militaire « plus complexe et plus forte » avec des exercices en commun, une coopération dans l'armement, des exercices de gestion de crise, la gestion de plans civils d'urgence, de même que des programmes convenus d'un commun accord couvrant « des besoins plus larges et plus complexes ».[55]

Lors d'un rassemblement le 15 décembre 1999, les ministres des Affaires étrangères de l'Otan promettent de

---

54. *Ibid.*, p. 9.
55. *Ibid.*, p. 8.

réviser les options politiques de l'alliance en faveur de la confiance, de la sécurité des bâtiments, de la surveillance, de la non-prolifération, du contrôle des armes et du désarmement, pour aller vers une approche plus globale et plus intégrée.

La plupart des observateurs voient dans cette démarche un geste dans la bonne direction, bien « qu'exprimé dans le langage ambigu de la diplomatie ».[56] Cela ne deviendra une avancée réellement positive seulement lorsque nous serons d'accord sur une interprétation plus large de la « sécurité » et aurons pu changer les objectifs de l'Otan.

Mettre fin aux conflits

Les approches non-violentes dans la résolution de conflits prennent de l'ampleur et gagnent en légitimité avec l'interdiction de certains types d'armes, dont les armes chimiques, biologiques, ainsi que les armes nucléaires dans l'espace extra-atmosphérique, notamment. Malheureusement, ces efforts limitent mais n'éliminent pas la portée de la guerre. De plus, nous rencontrons parfois des traités allant dans un sens essentiellement positif mais dont les termes manquent de clarté et de définitions contraignantes. L'ambiguïté du traité ABM (pour Anti-Ballistic Missile) de 1972 avec la Russie, par exemple, provoqua des tractations légales sans fin et le développement de boucliers spatiaux et de missiles antibalistiques pouvant violer ou non le traité, mais qui conduiront à coup sûr vers l'escalade dans la course mondiale aux armements. Les Nations Unies ne surent pas donner de définition suffisamment précise aux termes d'« explosion nucléaire » ou d'« espace extra-atmosphérique ». Cela créa des failles dans l'énoncé légal, à partir desquelles un pays peut trouver des échappatoires et développer des armes de haute technologie si telles sont ses intentions.

---

56. *NATO to Review Nuclear Weapons Policy*, *Mondial, Journal of the World Federalists Canada*, janvier 2000.

C'est la guerre elle-même qui doit être interdite. Il n'existe pas de conflit entre les nations qui ne puisse être résolu, au moins temporairement, par une cour mandatée à l'examen du différend. Les avancées juridiques récentes incluent le lancement d'une Cour pénale internationale et des projets concrets pour une Cour environnementale internationale[57]. L'introduction effective de forces pour le maintien de la paix, le développement de l'arbitrage et de compétences de médiation devraient marquer le début d'une ère passionnante de véritable diplomatie. En effet, même après la fin d'une guerre, des négociations sont nécessaires avant que la « paix » ne puisse être établie. Le plus bel exploit de la violence est d'obtenir des concessions à la table des négociations, mais, parce qu'une guerre atteint la « liberté » du perdant, les négociations sont injustes de façon notoire. Elles posent souvent les jalons de la prochaine guerre – une des raisons expliquant peut-être pourquoi la Seconde Guerre mondiale a suivi de si près la première. Avec la Convention sur l'interdiction des armes chimiques entrée en vigueur le 29 avril 1997, qui proscrit la guerre chimique, la ratification par la Douma russe rdu Traité de réduction des armes stratégiques le 14 avril 2000, et l'étude de la réduction des armes nucléaires inscrite à l'agenda des Nations Unies pour la même année, le moment semble opportun à d'éventuelles avancées sur un climat de non-violence.

Histoire de deux réussites

Mines antipersonnel

L'une des initiatives citoyennes les plus efficaces de ces dernières années est l'interdiction mondiale des mines antipersonnel. Jody Williams, qui fut le fer de lance de la Coalition internationale pour l'interdiction des mines antipersonnel, reçut en 1997 le prix Nobel de la paix pour couronner ses efforts.

Une mine antipersonnel est une bombe de petite taille, relativement

---

57. NdT : elle n'a pas encore vu le jour sous ce nom.

bon marché. Sa particularité est d'exploser au moment où l'on marche dessus ou lorsque l'on pose le pied sur son fil déclencheur. Ces mines sont conçues pour broyer bras et jambes plutôt que pour tuer, ce qui produirait ainsi un effet psychologique plus important sur « l'ennemi ». En réalité, les mines antipersonnel sont le plus souvent déclenchées longtemps après la fin des hostilités par des femmes ou des enfants qui travaillent dans les champs pour leur subsistance. Dans de nombreuses régions du monde, ce sont les enfants qui ramassent du bois pour le feu et vont chercher l'eau pour la famille, s'exposant ainsi au danger de tels dispositifs.

Trois sortes de mines antipersonnel sont actuellement utilisées. La première est dite « mine à fragmentation », elle est « directionnelle » ou « non-directionnelle ». La mine à fragmentation directionnelle est généralement montée au sol, bourrée de billes d'acier ou de fragments métalliques et placée devant une charge explosive. L'explosion peut être déclenchée par un fil piège ou une commande à distance. Elle projette des fragments jusqu'à cinquante mètres de son emplacement, sous un angle de 60°. Une mine à fragmentation non-directionnelle est aussi placée au-dessus du sol. Lorsque quelqu'un marche sur le fil, elle explose, projetant des fragments dans toutes les directions sur un rayon de vingt mètres. Le second type de mine est appelé « mine à effet de souffle ». Elle est normalement placée juste sous la surface du sol et conçue pour exploser lorsque l'on marche dessus. Généralement, elle pulvérise la jambe d'un adulte ou tue un enfant. Le troisième type est la « mine bondissante », qui est aussi enterrée. Si l'on marche sur le fusible du dessus ou sur le fil, la mine est projetée hors du sol à un mètre de hauteur où elle explose, mettant en pièces la tête d'un enfant ou blessant gravement un adulte. Il est possible d'éliminer ces mines, bien que cela soit dangereux et prenne beaucoup de temps. Cependant, il existe un type de mine à effet de souffle qu'on ne peut toucher, un dispositif recouvert de caoutchouc appelé PMA-3. La protection se détériore dans le sol, dénudant le dispositif très instable et très sensible qu'il faut faire exploser sur place.

Les Nations Unies estiment que les mines antipersonnel tuent ou estropient environ 25 000 personnes chaque année. Le problème est immense, avec une estimation de 60 à 70 millions de mines déployées dans le monde.

Mines antipersonnel par pays

Afghanistan	10 millions	Mozambique	2 millions
Angola	10-15 millions	Namibie	50 mille
Bosnie-Herzégovine	0,6-1 million	Nicaragua	116 mille
Cambodge	4-6 millions	Somalie	1 million
Érythrée	0,5-1 million	Soudan	0,5-2 millions
Irak	10 millions	Autres	20 millions

L'Afrique est le continent le plus miné, avec au moins trente millions de mines dans dix-huit pays.[58]

Déminer un terrain est un travail difficile, lent et stressant. Greg Ainley, vingt-et-un ans, d'Edmonton au Canada, nous explique comment ils procèdent :

> Si l'herbe est haute, nous prenons assurément notre temps. Généralement, nous progressons d'un mètre toutes les dix minutes. Nous nous mettons à plat ventre, les bras tendus devant nous, tâtonnant gentiment et doucement avec nos doigts. Cela nous permet de déceler toute anomalie qui pourrait être une mine. Si nous trouvons une mine, la première chose à faire est de la sortir du sol avec une corde qu'on tend et fixe en arrière à un endroit sûr, derrière un engin blindé, par exemple. Nous tirons sur la corde. Toutes ces précautions sont là au cas où il y aurait un piège enfoui

---

58. Chiffres provenant de *Hidden Killers: The Global Demining Crisis*, Département d'État des USA, Washington DC, publication n° 190575, 1998. Ces chiffres sont des estimations arrondies.

dans le sol. À ce moment-là, la mine devrait exploser. Si elle n'explose pas, nous devons retourner sur place et faire notre travail.[59]

Le mouvement pour la paix, principalement grâce aux efforts des femmes, œuvre pour obtenir l'interdiction des mines antipersonnel depuis les années 1990. En 1994, la Croix-Rouge Internationale ajoute sa voix à la cause, qui bénéficie du soutien de Diana, princesse de Galles. Elle se sert de sa célébrité pour porter la dimension humanitaire du problème à la connaissance du public, en mettant l'accent sur le nombre impressionnant d'enfants tués ou mutilés à vie. En octobre 1996, le gouvernement canadien convoque à Ottawa une assemblée de cinquante gouvernements favorables à l'interdiction totale, et, en décembre 1997, quelque 90 pays signent un traité spécial rédigé à Oslo. La Grande-Bretagne et la France, principaux exportateurs de mines antipersonnel, acceptent l'interdiction, mais les États-Unis décident de ne pas s'y conformer, car ils souhaitent utiliser ces armes dans la zone démilitarisée de Corée.[60] Les autres non signataires et producteurs de mines antipersonnel sont la Russie, la Chine, l'Inde, le Pakistan et Israël[61].

Rappelons que les mines antipersonnel sont de la responsabilité, non seulement de ceux qui les posent, mais aussi de ceux qui les fournissent. Si tous les pays stoppaient la fabrication de telles armes, il n'y aurait plus d'approvisionnement possible. Seulement, aussi longtemps que certains pays seront prêts à fabriquer et vendre des mines antipersonnel, cette stratégie du « manque » n'aboutira à rien. Le traité ne considère pas le problème des 80 millions de mines déjà posées, et il n'interdit pas non plus les mines conçues dans le but

---

59. Cité par Silvija Jaksic dans *Landmines, Peace Magazine,* magazine officiel de *Science for Peace Canada*, juillet/août 1996.
60. Les vétérans du Vietnam se sont opposés au refus des États-Unis de signer l'interdiction des mines antipersonnel ; s'adresser à The Vietnam Veterans of America. D'autres organisations gouvernementales s'y sont également opposées.
61. À ce jour, ces pays ne l'ont toujours pas signée, tout comme les États-Unis.

de faire exploser les engins ou les chars immobilisés. Néanmoins, c'est un modeste premier pas vers la cessation des violences militaires. Il attache très clairement une valeur aux vies individuelles, surtout celles des femmes et des enfants avec, de surcroît, le bénéfice de protéger les terres agricoles qui deviennent inutilisables après avoir été parsemées de bombes. L'interdiction des mines antipersonnel offre un exemple de coopération entre organisations non-gouvernementales et gouvernementales accompagnées du soutien très large des citoyens. C'est un encouragement pour de futures initiatives.

Armes nucléaires
Le projet Cour internationale
La deuxième initiative réussie fut le projet Cour internationale, une idée promue avec force par le commandant Robert Green, ancien officier de la marine britannique. D'après lui, bien que les armes de destruction massive aient été interdites, il est dit au personnel militaire que les armes nucléaires n'ont jamais été déclarées hors la loi. On trouve dans le *Manuel militaire* des USA la citation suivante :

> L'utilisation d'armes atomiques ne peut pas être considérée comme une violation de la loi internationale en l'absence d'une loi coutumière ou d'une convention limitant leur usage.

En tant que commandant de navires transportant des ogives nucléaires, c'est un sujet qui posa toujours problème à Green. Comme les manuels militaires britanniques et américains demandent au personnel d'adhérer aux principes de la loi internationale sur la guerre, Green en arriva à la conclusion qu'une déclaration de la Cour internationale de Justice permettrait de soutenir le personnel militaire qui refuse de les utiliser et de progresser vers la suppression de ce type d'armes.

Le commandant Green reconnut qu'il y aurait beaucoup à gagner d'une action de l'Organisation mondiale de la santé. Il prit donc contact avec Hilda Lini, ministre de la Santé de l'État insulaire du Vanuatu et déléguée de l'OMS à Genève. Elle accepta d'introduire une motion spécifiant que l'OMS rechercherait l'opinion de la Cour internationale sur la légalité de l'utilisation des armes nucléaires en temps de guerre. Vingt-deux nations présentèrent des mémoires soutenant la motion, mais les États-Unis, le Royaume-Uni, la France, la Russie, l'Australie, les Pays-Bas et l'Allemagne, qui contestaient l'autorité de la Cour sur une telle question, s'y opposèrent. Malgré tout, la motion passa et fut soumise à la Cour internationale en 1993.

De son côté, l'assemblée générale des Nations Unies élargit le problème en y ajoutant la question de la légalité de la menace de guerre, parallèlement à la guerre elle-même :

> L'Assemblée générale (...) a décidé, en vertu de l'Article 36, paragraphe 1, de la Charte, de demander à la Cour internationale de Justice de donner son avis consultatif sur la proposition suivante : « La menace ou l'utilisation d'armes nucléaires est-elle autorisée en toutes circonstances par la loi internationale ? »[62]

Malgré les tentatives pour bloquer cette requête, la résolution fut adoptée avec 78 votes contre 43, et 38 abstentions. Précédemment, les pays non-alignés (ceux qui n'appartenaient à aucun bloc de vote, ni le bloc communiste, ni le bloc capitaliste) essayèrent de déposer une résolution semblable, mais échouèrent en raison des menaces des puissances nucléaires de suspendre les aides fournies et les échanges commerciaux. Cette fois, cependant, l'OMS ayant déjà présenté la requête devant la Cour internationale, la résolution fut adoptée avec succès.

La Cour internationale accepta la requête de l'Assemblée générale de l'ONU, mais pas celle de l'Organisation mondiale de la santé, au motif que la guerre nucléaire ne peut être un problème de « santé » qu'après les hostilités. C'est, évidemment, un jugement à courte

---

62. Résolution de l'Assemblée générale des Nations Unies, 2 novembre 1994.

vue, étant donné que chaque étape, de la production jusqu'au déploiement des armes nucléaires, représente un danger pour la santé publique. Malheureusement, pour prendre leur décision, les juges ne disposaient pas de rapport leur expliquant les dangers potentiels de la fabrication des armes nucléaires. Apparemment, il n'existait pas non plus de précédent juridique engageant à respecter le domaine de la médecine préventive.

Une fois à la retraite, le commandant Green intervint publiquement en Europe et en Amérique du Nord afin de soutenir l'examen de la Cour internationale. Le général Charles Homer, à la tête du commandement spatial des USA, se prononça également en faveur de l'abolition des armes nucléaires. Ces personnalités et d'autres comme Richard Falk, expert en droit international, donnèrent une impulsion au soutien populaire de cette initiative. En fait, la motion soumise à la Cour internationale fut accompagnée d'une action citoyenne intense à travers la coalition de groupes pacifistes internationaux tels que le Bureau international de la paix, la Fondation Guerre et Paix, l'Association internationale des physiciens pour la prévention de la guerre nucléaire, la Ligue internationale des femmes pour la paix et la liberté, et l'Association internationale des juristes contre les armes nucléaires. Cette coalition mit principalement l'accent sur une disposition de la constitution de la Cour internationale qui n'avait encore jamais été utilisée. Selon cette disposition, les juges sont tenus de prendre en compte « les diktats de la conscience publique ». Pour cette raison, plus de cent millions de citoyens firent parvenir une déclaration de conscience qui affirme :

> J'ai la conviction profonde, dictée par ma conscience, que les armes nucléaires sont odieuses et immorales. En conséquence, j'apporte mon soutien à l'initiative qui demande l'avis consultatif de la Cour internationale sur la légalité des armes nucléaires.

Après avoir reçu de nombreux dossiers de la part de différents gouvernements et ces déclarations publiques de conscience, la Cour internationale de Justice publia un communiqué en juillet 1996,[63] qui déclare :

> LA COUR à l'unanimité, DÉCIDE que toute menace ou utilisation de la force au moyen d'armes nucléaires, contraire à l'Article 2, paragraphe 4, de la Charte des Nations Unies, et qui ne répond pas à toutes les exigences de l'Article 51, est ILLÉGALE...
>
> DÉCIDE, à l'unanimité, que toute menace ou utilisation des armes nucléaires devra également être en accord avec les exigences de la loi internationale applicable en cas de conflit armé, particulièrement celles des principes et règles de la loi humanitaire internationale, de même que les obligations spécifiques des traités et autres entreprises qui concernent explicitement les armes nucléaires...
> Par sept votes sur sept, considérant les exigences énoncées ci-dessus, il résulte que **toute menace ou utilisation d'armes nucléaires sera, de façon générale, contraire aux règles de la loi internationale** applicable en cas de conflit, et en particulier aux principes et aux règles de la loi humanitaire. Cependant, au vu de l'état actuel de la loi internationale, et des éléments de fait à sa disposition, **la Cour ne peut pas définitivement conclure si la menace ou l'utilisation des armes nucléaires serait légale ou illégale dans des circonstances extrêmes d'auto-défense, circonstances dans lesquelles la survie même de l'État serait en jeu.**[64]
> [mise en relief de l'auteur]

---

63. Document de la Cour internationale de Justice n° 96/23, 8 juillet 1996.
64. Cette troisième décision fut l'objet d'un vote séparé. Pour : le président Bedjaoui, les juges Ranjeva, Herczegh, Shi, Fleischhauer, Vereschetin, Ferrari Bravo. Contre : le vice-président Schebel et les juges Oda, Guillaume, Shahabuddeen, Weeramantry, Koroma, Higgins.

> DÉCIDE, à l'unanimité, qu'il existe une obligation de poursuivre en toute bonne foi et de conduire à leur terme des négociations conduisant à un désarmement nucléaire dans tous ses aspects, sous contrôle international strict et efficace.[65]

Il est intéressant de remarquer que le soutien accordé par la cour au désarmement nucléaire est unanime, tandis qu'il se divise en ce qui concerne « les circonstances extrêmes ». Pour les observateurs présents aux débats, cette déclaration à double face n'est qu'une manœuvre politique permettant à la cour de ne pas avoir à évaluer séparément chaque partie de la résolution.[66] Par exemple, certains juges votèrent « non » en contestation de la clause « toute menace ou utilisation des armes nucléaires serait, de façon générale, contraire aux règles de la loi internationale applicable en cas de conflit, et en particulier aux principes et aux règles de la loi humanitaire ». D'autres juges votèrent « non », car la dérogation pour « circonstances extrêmes d'auto-défense » leur paraissait aberrante. Par conséquent, un vote négatif pouvait avoir deux significations très différentes. Si les deux parties de cette décision avaient été votées séparément, il est probable que la première aurait été adoptée et la seconde rejetée.

Dans l'ensemble, cependant, les résultats furent satisfaisants. Ils prouvent qu'au sein de l'armée, certains désirent établir des limites à la violence et particulièrement interdire les armes nucléaires. De plus, cela démontre comment de simples citoyens peuvent mobiliser avec succès l'attention d'organisations internationales comme la Cour internationale de Justice. Il est encourageant de voir que les gouvernements comme le public respectent cette intervention légale limitant les armes de guerre. Cette deuxième victoire, comme

---

65. La Cour internationale de Justice, Palais de la Paix, La Haye, communiqué n° 96/23, 8 juillet 1996.

66. Normalement, une déclaration légale ne peut pas être divisée, pour la simple raison qu'un vote « oui » ou un vote « non » dans une déclaration divisée peut conduire à plus d'une seule interprétation.

la première, fut le fruit d'une collaboration entre des particuliers, des gouvernements et des organisations internationales.

La Commission de Canberra

Il s'agit d'une commission internationale indépendante de dix-sept experts de la guerre et de la paix, établie par le gouvernement australien en 1995. Son but est de définir des mesures concrètes permettant au monde de sortir du nucléaire. La commission organisa quatre réunions en un an et publia son premier rapport en 1996. Elle développa des plans d'actions pratiques pour débarrasser systématiquement la planète des armes nucléaires.

Le sénateur canadien Douglas Roche, ancien ambassadeur des Nations Unies pour le désarmement, mit en avant l'Initiative des Moyennes Puissances (« Middle Power Initiative ») par laquelle des nations de taille moyenne telles que le Canada ou la Suède pourraient être appelées en tant que médiateurs de conflits concernant les grandes puissances nucléaires ou l'Otan.

Ces deux efforts accompagnèrent et renforcèrent les décisions prises par la Cour internationale. Ils témoignent de l'effondrement de l'ancien ordre mondial et de l'apparition simultanée d'une dynamique nouvelle vers l'avènement d'une plus grande sécurité de la planète.

Réponse des Nations Unies à l'avis consultatif de la Cour internationale

La décision historique prise par la Cour internationale donna aux membres des Nations Unies le support légal pour réclamer une nouvelle fois le désarmement nucléaire. Nombreuses parmi les nations en voie de développement, autrefois limitées dans leurs actions par des menaces de sanctions financières, purent désormais faire de réels progrès. En particulier, le jugement attirait l'attention sur le Traité de Non-Prolifération Nucléaire de 1968, qui contraint les nations nucléaires à procéder au désarmement.

Afin de renforcer l'extension internationale des Zones exemptes d'armes nucléaires (NFZ – Nuclear Free Zones), le Brésil déposa une résolution auprès de l'ONU pour un hémisphère sud exempt d'armes nucléaires, ainsi que pour les régions adjacentes. Depuis de nombreuses années, des municipalités, des pays et des régions se déclarent comme NFZ dans le but de se protéger des attaques nucléaires. Parmi les NFZ les plus connues, citons l'Amérique du Sud et la Nouvelle-Zélande. La résolution du Brésil avait pour objectif d'« implanter dans l'opinion publique l'image d'une planète déjà libérée du fléau des armes nucléaires sur plus de la moitié de sa surface ».[67] Cette résolution fut également amendée par le Pakistan pour y inclure l'Asie du Sud. Elle fut votée à 111 voix contre 4, avec 36 abstentions. Les tests d'armes nucléaires qui suivirent en Inde et au Pakistan sont d'autant plus regrettables après ce vote.

La Malaisie présenta un projet de résolution devant le Premier comité de la 51e Assemblée générale de l'ONU. Ce projet approuvait l'avis consultatif de la Cour internationale et demandait à tous les États de remplir leurs obligations en « engageant des négociations multilatérales en 1997 » en vue d'aboutir à une convention sur les armes nucléaires. Cette résolution malaisienne fut adoptée le 26 novembre 1996, avec 94 votes pour, 22 contre et 29 abstentions. La Chine vota « oui » tandis que les USA, le Royaume-Uni, la France et la Russie votèrent « non ». Parmi les votes négatifs restants, nous pouvons compter le Canada et les autres pays européens, à l'exception de l'Irlande et de la Suède. L'Australie et le Japon s'abstinrent. Le Mouvement des non-alignés proposa alors un plan progressif de réduction des armes nucléaires conduisant à un désarmement total dans le cadre d'un calendrier précis. Ce plan fut adopté à 87 votes pour et 38 votes contre, avec l'opposition des États nucléaires occidentaux et d'Europe.

Les Nations Unies et le Comité des organisations non-gouvernementales sur le désarmement entreprirent ensuite des

---

67. Ernie Regehr, président du projet Ploughshares, *Canadian Non-Proliferation Treaty Delegation Report to Non-Governmental Organizations #4*, 16 mai 2000.

négociations conduisant à une Convention sur les armes nucléaires qui interdirait le développement, la production, les tests, le déploiement, le stockage, le transfert, la menace ou l'utilisation des armes nucléaires. La convention appelle les États nucléaires (les USA, la Grande-Bretagne, la France, la Russie et la Chine) à faire « des efforts systématiques et progressifs en vue de réduire globalement les armements nucléaires, avec pour but ultime de les éliminer ».

Bien que ce processus puisse paraître long à ceux qui ne dorment pas bien depuis 1945, il s'agit pourtant d'un coup sérieux porté au militarisme. La fondation Carnegie Endowment for International Peace signala qu'en 1995, les cinq puissances nucléaires possédaient 36 816 armes nucléaires. Ces nations continuent de représenter une grave menace pour la sécurité mondiale, alors même que la guerre froide est terminée.

Prendre en charge la communauté scientifique

Bien que la destruction des armements existants soit une priorité, la démilitarisation sur le long terme exige une nouvelle manière de financer la recherche scientifique. La recherche militaire est financée par les gouvernements ou par le monde des affaires. Les universités ou les étudiants explorant des domaines qui intéressent l'armée reçoivent des subventions. De plus, les sociétés multinationales sont « exemptées » de taxes lorsqu'elles consacrent des fonds aux recherches de haute technologie. Aussi longtemps que cette situation perdurera, il sera difficile de transférer les fonds à destination de l'armée vers les besoins domestiques. Si nous voulons adopter une nouvelle forme de sécurité mondiale, il faut alors que toutes les priorités nationales concernant la recherche passent sous contrôle civil, et qu'elle soit soumise à l'examen public. C'est de cette façon que nous pourrons protéger la liberté académique et, par la même occasion, l'affranchir de toute exploitation qui l'utiliserait à des fins destructrices ou violentes.

Voici quelques-uns des mécanismes possibles permettant de contrôler et de réorienter la recherche :

- un Conseil pour la recherche internationale (Cri), qui examinerait toutes les propositions de recherche nécessitant des sommes supérieures à 50 000 $;

- une commission d'examen académique internationale dans toutes les disciplines principales, faisant partie du Cri, pour traiter les attributions de bourses supérieures à 50 000 $, avec le renouvellement annuel des membres de la commission ;

- l'obligation pour chaque proposition importante de subvention à la recherche de prévoir des mécanismes intégrés capables de déjouer tout détournement militaire des connaissances, y compris la publication ouverte de tous les résultats ;

- l'obligation pour tous les sujets de recherche d'une valeur supérieure à 50 000 $ d'être interdisciplinaires et de comprendre au moins un partenaire des sciences éthiques et un des sciences sociales, de même qu'une équipe de chercheurs originaires de plus d'un pays ;

- une publication internationale de toutes les recherches subventionnées, identique à l'actuelle publication annuelle des projets de recherche sur le cancer ;

- une recherche en collaboration entre les universités de l'hémisphère nord et de l'hémisphère sud.

Il est probable que des ONG capables de surveiller et de faire respecter l'application de cette réglementation verront le jour, comme cela a été le cas pour le contrôle de l'armement et des droits de l'homme. Redisons-le, le plus important en l'occurrence est la transparence des intentions, la coopération et une approche interdisciplinaire.

L'importance de l'activisme citoyen

Bien que les citoyens de base n'aient pas l'accès direct à la Cour internationale de Justice ou à l'Assemblée générale de l'ONU, ils exercent une influence très profonde et efficace sur ces organismes.

Réfléchissant sur la décision prise par la Cour internationale, Frederik Heffermehl, du Bureau international de la paix, fait la remarque suivante :

> Cette affaire est un exemple encourageant de la capacité des organisations citoyennes à recourir aux institutions internationales comme la Cour internationale, dont le rôle est de servir les peuples du monde et pas seulement leurs gouvernements.[68]

Le consensus populaire mondial contre les armes nucléaires est remarquable. Il existe un soutien international et un activisme citoyen considérable, qui entreprend des actions énergiques en faveur d'un désarmement nucléaire total. Il est surprenant que certains gouvernements puissent rester aussi insensibles à l'opinion publique dans des pays qui se prétendent des leaders mondiaux de la démocratie.

La puissance de cette coalition internationale non-officielle se manifesta de nouveau lorsque dix mille citoyens activistes venus de plus de quatre-vingts pays, sans aucun soutien financier international, se rendirent à la Conférence de la paix à la Haye, en 1999. Si chacun des participants avait représenté cent autres activistes n'ayant pu voyager jusqu'en Hollande, nous aurions pu prudemment placer le nombre des membres de cette coalition mondiale à un million de personnes. Beaucoup de ces mêmes activistes étaient présents dans les rues de Seattle en novembre 1999 afin de manifester contre les mesures prises par l'Organisation mondiale du commerce, et à Washington DC en avril 2000 pour protester contre l'incapacité de la Banque mondiale et du Fonds monétaire international à répondre aux besoins des plus démunis. À Seattle, parallèlement à la protestation de rue, les représentants des pays en voie de développement participant à la conférence exprimèrent leur désaccord. Mais comme le rendez-

---

68. Déclaration faite le 12 juillet 1996, par le Bureau International de la Paix, au Rassemblement de Bruxelles.

vous de Washington ne comprenait que les sept nations les plus développées, cette synergie demeura imperceptible.

Nous pouvons raisonnablement penser que l'énergie qui alimente le changement est en augmentation et qu'elle est soutenue par une forte coalition d'organisations non-gouvernementales dans les pays développés et d'organisations gouvernementales dans les pays en voie de développement. Il sera important désormais de diriger cette énergie vers une voie constructive. Tout concorde à prouver, comme nous l'avons souligné dans la deuxième partie de ce livre, que les nations guerrières ont déjà abandonné la plupart des armes nucléaires pour se tourner vers différents types d'armes à impulsions et rayons électromagnétiques. Beaucoup des premiers mouvements pour la paix se sont dissous, tandis que ceux encore en activité ont tourné leur attention vers le démantèlement des armes nucléaires. J'imagine que certains stratèges militaires se réjouissent de cette situation.

Dans l'état actuel des choses, les organisations qui ont pour objectif de prévenir la guerre dans la haute atmosphère terrestre ne sont pas aussi bien structurées que les mouvements antinucléaires. Malgré tout, la question des armes électromagnétiques, des boucliers plasma et des armes à rayon laser pourrait conduire aux mêmes initiatives. Jusqu'à présent, la fusée Cassini, qui projeta du plutonium dans l'espace, est l'événement qui attira le plus l'attention du public. Du 14 au 17 avril 2000, un grand rassemblement fut organisé à Washington DC, appelé « Gardez l'espace pour la paix ».[69]

Le temps est également venu d'apporter un jugement féminin sur les besoins de sécurité humains et environnementaux, et sur les conditions nécessaires pour satisfaire ces besoins. Il y a longtemps que le point de vue féministe est absent des affaires internationales ; cette perspective est pourtant essentielle à la restauration de la paix et de la diplomatie. Selon une présomption non dissimulée par

---

69. Une des ONG internationales engagées dans ce domaine est Global Network Against Weapons and Nuclear Power in Space.

ceux entraînés aux arts militaires, puisqu'ils protègent les femmes, elles leur sont redevables. La chercheuse féministe Betty Reardon identifie cinq catégories de ces abus de pouvoir qui firent naître l'opposition des femmes contre le militarisme : abus militaires envers la société civile ; abus au sein de l'armée ; abus du pouvoir militaire ; abandon du sentiment de responsabilité ; violences militaires contre les femmes. « La militarisation revient à privilégier tout ce qui est militaire et à imposer l'autorité militaire aux problèmes politiques » écrit-elle, tout en proposant un nouveau paradigme pour passer d'une sécurité dépendante du militaire à une sécurité dépendante de l'humain.[70] De mon côté, j'irais encore plus loin et j'exigerais la sécurité écologique.

La critique féministe devrait également étudier la question culturelle des sanctions contre la violence. Les fortes campagnes publicitaires célébrant l'armée et l'espace auprès des jeunes se manifestent dans toutes les formes de média. La violence s'infiltre dans nos foyers par la télévision et les jeux vidéo, dans lesquels le joueur doit intervenir rapidement, sans réfléchir, pour « zapper l'ennemi » sur commande. C'est, bien sûr, très éloigné de la réalité de la guerre, mais cela contribue à renforcer la notion qu'un conflit armé est acceptable. De plus, ces jeux ne stimulent que très peu le développement intellectuel de l'enfant.

Les citoyens ordinaires offrent deux choses indispensables à l'armée pour continuer d'exister : la légitimité et les ressources. Ces dernières comprennent des ressources naturelles, l'intelligence humaine, l'argent et de jeunes recrues. Si nous commençons à envisager la guerre comme un moyen illégitime de résoudre les conflits et de nous prélever des ressources, nous pourrions envoyer un message fort à ceux qui définissent la politique. Nos institutions sociales et organismes politiques peuvent aussi participer à cet élan vers le changement. Les églises peuvent encourager la non-violence, les aumôniers peuvent éveiller une prise de conscience

---

70. Betty Reardon, *Gender and Global Security: A Feminist Challenge to the United Nations and Peace Research*, *Journal of International Cooperation Studies*, vol. 6, juin 1998.

chez le personnel militaire. Dans les écoles, il doit être enseigné que la paix est une force historique beaucoup plus dynamique que la guerre, et les enfants comme les adultes doivent apprendre à résoudre les problèmes sans recourir à la violence. Chacun d'entre nous a un rôle à jouer dans ce processus et peut faire la différence dans ce combat pour la paix.

2000-2010 : une décennie pour la non-violence

En septembre 1997, l'International Fellowship of Reconciliation (« Mouvement international de la réconciliation » – MIR), soutenu par vingt lauréats du prix Nobel de la paix, lance un appel à tous les membres de l'Assemblée générale de l'ONU pour déclarer les premiers dix ans du nouveau siècle « Décennie pour une culture de la non-violence ». Cette décennie portera ses efforts pour éliminer les violences physiques, psychologiques, socio-économiques et environnementales, dont les enfants sont victimes partout dans le monde. Ils sont meurtris par toutes ces scènes d'agression, qui se produisent dans les écoles, les rues, les familles et au sein de leur communauté. Pris dans les conflits du Rwanda, de l'Irak, des États de la Baltique, pensez à tout ce dont ils sont témoins. Ils sont profondément traumatisés par toutes ces expériences qu'ils reproduiront souvent en grandissant.

Il semble que le moment soit venu d'assimiler ce nouveau concept. Voilà trop longtemps que les hommes répondent à leur sentiment d'injustice et à leurs désirs non-maîtrisés de pouvoir, de possession et de richesses, par la guerre et la violence. Il nous faut raisonner au-delà des anciens paradigmes et laisser libre cours à notre imagination pour découvrir la solution alternative. Cette décennie dédiée à la culture et à la non-violence s'ouvre avec les Nations Unies par une révision du Traité sur la non-prolifération nucléaire – une opportunité à saisir pour étendre la non-prolifération à toutes les guerres et toutes les armes de destruction massive.

Sécurité écologique

Boutros Boutros-Ghali s'exprime à Copenhague en 1995, lors du Sommet sur le développement social, afin de présenter pour quelles raisons le concept de sécurité sur lequel reposent les Nations Unies, à savoir prévenir toute agression d'une nation contre une autre, n'a pratiquement plus de raison d'être.[71] Il poursuit en décrivant « une nouvelle crise de la sécurité humaine », caractérisée par des conflits internes en pleine croissance, des migrations de masse, l'augmentation du nombre des bidonvilles urbains, la montée des tensions sociales, la détresse psychologique et la maladie, le trafic de drogue à l'échelle internationale, le crime organisé, la surconsommation et la pollution.

J'ai la conviction profonde que le meilleur moyen d'assurer la sécurité, pour les générations futures et pour la Terre elle-même, est de recourir à la combinaison saine de programmes économiques, sanitaires, sociaux et environnementaux. Des liens sont tissés entre la protection de l'air, de l'eau, des cultures vivrières, l'existence d'une économie forte, et le développement de communautés en bonne santé. Aucun élément de cet équilibre ne peut être sacrifié sans provoquer la perte des trois. Selon l'Unicef, nous prenons de plus en plus conscience que pour être en mesure de satisfaire ces nouveaux besoins sécuritaires, nous devons distribuer équitablement les avantages de notre société : régénérer notre environnement plutôt que le détruire et rendre les populations autonomes plutôt que les marginaliser. Les personnages politiques du futur devront être favorables aux pauvres, à la nature, à la démocratie, aux femmes et aux enfants. Quelle merveilleuse ligne directrice pour évaluer de nouveaux projets !

---

71. À l'époque, Boutros Boutros-Ghali est secrétaire général des Nations Unies.

J'ai ciblé les forces armées comme étant la clé d'une intervention « chirurgicale » rapide, mais résoudre les problèmes sociaux et environnementaux qui sont souvent directement liés à leurs activités risque d'être beaucoup plus long. Maintenant que les populations commencent à réaliser que certains des symptômes dont souffre notre planète ne sont que les effets secondaires d'expérimentations délibérées et d'un ensemble de priorités détournées, peut-être vont-elles réagir par la colère ? Il est crucial qu'elle soit transformée en énergie positive et se concentre sur les moyens d'améliorer notre situation de façon pratique. Comme pour la suppression progressive de l'armée, l'introduction de la sécurité écologique et du développement durable demande une approche interdisciplinaire et concertée, le partage des compétences et des idées, et des actions à la fois mondiales et locales. Redisons-le, nous devons procéder avec précaution, choisir des politiques susceptibles d'être corrigées, et prendre note de nos succès comme de nos erreurs.

Lorsqu'il s'agit de dresser le diagnostic d'une situation et de trouver les moyens d'y remédier, la mise en commun de diverses expériences s'avère une ressource de première importance. Par exemple, être informé des maladies dont souffraient les soldats exposés à l'Agent orange au Vietnam aurait été d'une aide précieuse pour les résidents de la zone du canal Love, à Niagara Falls, afin de les aider à comprendre les symptômes qu'ils éprouvaient. La plupart des grandes organisations environnementales font désormais partie intégrante de la structure des Nations Unies, et d'autres organismes peuvent bénéficier de leur éclairage. Finalement, les nombreuses organisations qui font campagne contre l'armée auront tout intérêt à rejoindre ce « fonds commun de connaissances », d'une part pour enrichir leur compréhension des pollutions causées par l'armée et des manipulations environnementales qu'elle pratique, d'autre part pour aider les autres organismes à répondre de façon appropriée à leur souhait de paix.

Le mal causé à un individu ou à l'environnement est presque

toujours invariablement passé sous silence pour protéger l'« intérêt national » – généralement la sécurité nationale ou le tourisme. Rejoindre des organisations mondiales et porter les problèmes locaux sur la scène internationale peut permettre d'attirer l'attention plus objective des citoyens. Par la création de villages planétaires, les fidélités et les rivalités nationales devront être réexaminées sérieusement. Nous deviendrions des citoyens de la Planète Terre, chérissant bien sûr notre morceau de Terre, notre propre langage, notre culture, notre littérature et nos arts, irremplaçables à nos yeux, mais nous serions libérés de la compétition et des rivalités qui ont dominé l'histoire.

Ce sont les survivants japonais d'Hiroshima et de Nagasaki qui m'enseignèrent les premiers la valeur d'être capable d'aller au-delà des luttes de sa propre nation. Ils m'invitèrent aux cérémonies de commémoration qui eurent lieu durant l'été 1978. Je pus alors constater par moi-même combien les souffrances du peuple japonais étaient semblables à celles des forces d'occupation américaines, des vétérans des essais atomiques, ou des habitants des îles Marshall vivant à proximité du site d'essais nucléaires de l'atoll de Bikini. J'eus l'occasion de présenter des survivants japonais à quelques vétérans américains, et je fus émue de les voir inviter ces « ennemis » à séjourner chez eux, au Japon. Les Japonais surent faire honneur à leurs invités et de nouveaux liens d'amitié plus forts que les haines de guerre, nés de leurs communes souffrances, furent tissés. Il n'est pas nécessaire de nous détruire mutuellement pour découvrir notre commune humanité. Les victimes japonaises d'Hiroshima et de Nagasaki n'exprimèrent jamais de désir de vengeance. Elles sont désormais des pacifistes radicaux, parmi les premiers à souscrire à la citoyenneté mondiale.

Par conséquent, j'ai choisi dans ce dernier chapitre de mettre en évidence les structures mondiales actuellement en place permettant de traiter le problème complexe du développement durable et de bénéficier du travail de base déjà accompli. Je considérerai de quelle manière cette activité mondiale peut être rattachée à des préoccupations plus locales et des groupes d'action. Il est bon de rappeler combien les questions économiques, environnementales et sanitaires sont intimement liées, de façons multiples. Des mesures protégeant l'environnement amélioreront la santé humaine, une meilleure santé publique sera bénéfique à l'économie, et des pratiques industrielles respectueuses de l'environnement augmenteront considérablement la sécurité de la Terre sur laquelle nous vivons. Bien que ce tour d'horizon des abus militaires ait pu vous sembler pénible, les nombreuses initiatives qui voient le jour aujourd'hui témoignent de l'immense potentiel d'innovation et de guérison de l'Homme.

Protection de l'environnement et développement durable

La Charte de la Terre

Les pactes relatifs aux droits de l'Homme, promulgués après la Deuxième Guerre mondiale, décrivent le comportement qu'un être humain doit avoir envers un autre. Bien que certains individus ou groupes puissent acquérir le pouvoir sur d'autres – par des élections démocratiques, la prise de pouvoir dans une compétition, etc. – il y a des limites au-delà desquelles le « pouvoir » ne devrait pas s'étendre. Au sein d'aucune nation, une personne arrêtée légalement ne devrait notamment être torturée ou maintenue dans des conditions inhumaines. De tels agissements constitueraient une violation de ses droits humains. La Cour internationale de la Haye pourrait engager des poursuites contre les dirigeants n'observant pas ces pactes.

Ces pactes s'occupent en premier lieu des relations entre les gouvernements et leurs peuples. Ils ne formulent pas les droits des animaux, des êtres vivants ou de la Terre elle-même. Néanmoins, une telle formulation délimiterait ce que les détenteurs du « pouvoir » peuvent légitimement entreprendre. En deuxième lieu, il n'y a pas de lignes directrices permettant de réglementer les sanctions envers les nations qui ne respectent pas nos exigences humanitaires ou économiques. Boycotts, répression, bombardements, refus de distribution de vivres et de médicaments, refus d'accès à l'espace aérien, tout est menace pour la santé et la qualité de vie des populations qui vivent dans les pays sanctionnés. D'après les chiffres des Nations Unies, il y eut une augmentation de 90 000 morts par an en Irak (250 par jour) en raison de la prise de sanctions.[72] Durant les années 1990, le Conseil de sécurité des Nations Unies plaça douze pays sous embargo économique, commercial et d'approvisionnement en armement.[73] Une nouvelle Académie internationale pour la paix, établie à New York, publia l'étude *La Décennie des Sanctions*, constatant que dans la plupart des cas, les sanctions n'avaient pas atteint leurs objectifs.[74]

En prévision du Sommet de la Terre de Rio en 1992, de nombreux efforts furent faits dans l'intention d'élaborer une « Charte de la Terre » qui expliciterait quelles attitudes envers la Terre et tous ses êtres vivants nous devons exiger de la part de l'Homme. S'il fut relativement facile d'obtenir un consensus général autour de la suppression des armes de destruction massive, il s'avéra beaucoup plus difficile d'y parvenir au sujet de la définition d'un comportement acceptable vis-à-vis de l'environnement. Les pratiques religieuses et culturelles s'étendent de la protection des bouddhistes pour le plus petit insecte, jusqu'à la doctrine chrétienne affirmant que toutes les ressources terrestres sont au service de l'homme, « sommet » de la création. Aussi, à Rio, presque une centaine de chartes différentes furent proposées, certaines relativement longues. Chacun reconnut qu'une Charte de la Terre est non seulement souhaitable mais d'une importance vitale pour le futur de la planète. Le modèle de développement économique suivi partout dans le monde qui épuise les ressources terrestres ne peut être maintenu.

---

72. Rapport de l'Unicef, 30 avril 1998.
73. Ces pays sont l'Irak, la Yougoslavie, la Libye, le Libéria, la Somalie, Haïti, l'Angola, le Rwanda, le Soudan, le Cambodge, la Sierra Leone et l'Afghanistan.
74. J. Tuyet Nguyen, *'Smart Sanction' needed, Axworthy Tells UN Body, Toronto Star,* 18 avril 2000, a16.

À la suite du Sommet de Rio, un groupe d'ONG internationales passa au crible toutes les propositions de chartes afin de rédiger un document qui harmonise toutes ces idées, reste relativement court et puisse servir de base à un consensus général. Les organisations des peuples indigènes, les réseaux féministes, les groupes de jeunes, les organisations religieuses, les universités, les écoles, les groupes de consommateurs, les syndicats, les rassemblements pour la paix, les organisations professionnelles, les gouvernements locaux, les organisations scientifiques, les groupes environnementaux, les centres de recherche, les agences des Nations Unies, les organisations de gouvernance mondiale, les réseaux de média, tous furent consultés. Beaucoup de petites organisations et de particuliers se consacrèrent à cette tâche de façon bénévole (comme c'est le cas pour la plupart des activités d'intérêt général). Finalement, à temps pour l'ouverture de la Conférence de Rio+5, un projet de document fut prêt pour examen.

Une partie de la poésie et de l'harmonie des chartes potentielles disparut durant la fusion des différents projets, mais le document proposé, modifié pendant la conférence, fut accepté à l'unanimité par les sept cents délégués des gouvernements, les ONG et les organisations professionnelles de plus de quatre-vingts pays. Il fut distribué à tous les États membres des Nations Unies, puis ultérieurement réexaminé et peaufiné de manière officielle entre juin 1997 et décembre 2002. Sa signature est prévue en décembre 2002, et sa ratification sera accompagnée de recommandations pour les gouvernements membres au sujet de sa mise en application à l'intérieur de leurs frontières. Si elle s'avère un succès, la Charte de la Terre deviendra le fondement sur lequel la loi internationale de l'environnement pourra se construire.[75]

La Charte de la Terre comprend des implications spécifiques pour le devenir de l'armée. Elle promet de « travailler à la construction de sociétés libres, justes, participatives, durables et pacifiques » et

---

75. La Charte de la Terre peut être consultée sur internet : file:///C:/Users/user/AppData/Local/Packages/Microsoft.MicrosoftEdge_8wekyb3d8bbwe/TempState/Downloads/echarter_french1.pdf.

de « créer une culture de la paix et de la coopération ». Elle laisse peu de marge aux industries pour lancer la production de produits chimiques nocifs comme l'Agent orange, puisque tous les pays sont tenus de « protéger et de restaurer les systèmes écologiques terrestres dans leur intégrité, en respectant tout particulièrement la diversité biologique et les processus naturels qui assurent et renouvellent la vie ». Il est également difficile de concevoir comment une nation pourrait imposer des sanctions invalidantes à une autre si elle s'est engagée à « honorer et défendre le droit de toute personne, sans discrimination, à un environnement favorable à sa dignité, à sa santé corporelle et son bien-être spirituel ».

La gouvernance mondiale de l'environnement

Nous envisageons la création de nouveaux organismes dédiés à la surveillance de la bonne application de la Charte de la Terre, et d'une institution analogue au Tribunal des droits de la personne pour superviser la mise en œuvre légale de ses conditions. Une cour environnementale pourrait se prononcer sur des problèmes tels que l'utilisation d'uranium appauvri en Irak et en Yougoslavie, ou les maladies provoquées chez ceux qui vivent à proximité de sites d'expérimentation d'armes. Un contrôle plus étroit devrait permettre d'identifier les événements météorologiques extrêmes qui sont considérés comme étant des effets directs ou indirects des activités humaines. Le commerce des drogues illégales, l'élimination des déchets radioactifs et toxiques, la mise en circulation d'aliments malsains ou génétiquement modifiés, l'exploitation illimitée des ressources naturelles pour des besoins injustifiés, tous ces agissements seraient des cas relevant potentiellement de cette nouvelle institution.

Les inégalités de pouvoir entre les nations, les classes sociales, les sexes et les races sont sources de conflits plutôt que de paix. Être sur un pied d'égalité devant une cour permet de se battre à armes égales et donne à un individu l'opportunité d'affronter un gouvernement, ou à une ONG de s'attaquer à une entreprise multinationale. Bien que la

Cour internationale de Justice ait constitué une chambre *ad hoc* pour régler les problèmes environnementaux, elle ne pourrait pas remplir ce rôle égalitaire, car l'Article 34 de son statut lui interdit d'examiner les affaires litigieuses impliquant des organisations internationales, des ONG, des sociétés transnationales ou multinationales et des individus. Au sein du système actuel, seuls les gouvernements peuvent intenter un procès ou être accusés. Et même dans ce cas, l'accusé a la possibilité d'éviter la mise en accusation en contestant la compétence de la Cour pour statuer sur la question à régler. Les sociétés multinationales acceptent uniquement des directives d'autorégulation qu'elles ne respectent pratiquement jamais, et elles se disculpent le plus souvent de leurs mauvaises pratiques environnementales en avançant des raisons de « croissance économique » et de « concurrence du marché ». Face à l'instauration de l'Organisation mondiale du commerce et au renforcement du capitalisme mondial, il est plus que jamais nécessaire de défendre les droits de l'Homme et de son environnement d'une voix forte. Aujourd'hui, l'information et la publicité sont les seuls outils à la disposition des particuliers et des ONG afin de mettre en lumière les abus environnementaux.[76] Comme nous l'avons déjà signalé, même l'accès aux médias peut s'avérer difficile.[77]

L'idée de créer une cour internationale de l'environnement fit surface pour la première fois à Rome en février 1988, en tant

---

76. Pour expliquer en termes simples les enjeux concernant l'environnement et le développement durable, le WWF prépara un dossier d'information (initialement en anglais, français et espagnol), pour les ONG, les parlementaires, les journalistes, les officiels gouvernementaux et toute autre personne intéressée par la question, en vue de faire du lobbying lors des prochaines négociations de l'Organisation mondiale du commerce. Comme Claude Martin l'écrivit dans une lettre d'introduction, « ce dossier d'information est conçu pour expliquer le lien entre commerce, environnement et la nécessité de construire un monde économique durable. Il permet aussi à ceux qui désirent jouer un rôle dans la refonte du commerce international, de protéger tous nos futurs possibles ». Mikel Insausti, WWF EPO, *Sustainable Trade for a Living Planet*.

77. *War, Lies and Videotape: How the Media Monopoly Stifles the Truth*, d'après la conférence internationale qui s'est tenue en Grèce du 24 au 28 mai 1998, organisée par Women for Mutual Security, publié par International Action Center, New York, NY, 2000.

qu'initiative privée avancée par les experts de trente pays, qui imaginaient une autorité davantage morale que législative. Dès le début, Amedeo Postiglione, juge à la Cour suprême d'Italie à Rome et ancien juriste de l'environnement, fut le fer de lance de cette entreprise.

En juin 1994, la Quatrième Conférence internationale, « En Marche vers une gouvernance mondiale de l'environnement », se déroula à Venise. Elle signala l'approfondissement de la crise environnementale depuis le sommet de Rio de 1992.[78] L'agenda 21, le « plan d'action » accepté à Rio, permit d'établir de nouvelles institutions permanentes protégeant l'environnement, mais force fut de constater à Venise qu'aucun progrès n'avait été réalisé sur la question. La Déclaration de Venise faite à l'issue de la conférence de 1994 décida :

- d'exiger du gouvernement italien et des autres gouvernements de soutenir officiellement le projet d'une Cour internationale de l'environnement et d'une Agence internationale de l'environnement ;

- d'exiger du gouvernement italien de créer un Comité permanent, représentant tous les continents, dont le quartier général serait à Venise ;

- d'exiger du Comité permanent d'étudier les moyens existants et d'identifier les mesures immédiates à prendre pour assurer le contrôle international et l'arbitrage des problèmes environnementaux planétaires, notamment au niveau gouvernemental, et de rédiger un protocole pour la création d'une Cour internationale de l'environnement.[79]

L'Agence internationale de l'environnement s'appuierait sur les travaux de la Charte de la Terre afin de définir les normes internationales auxquelles les nations devraient se conformer.

---

78. NdÉ : Il est d'ailleurs étonnant qu'un tel « approfondissement » ait pu être constaté en moins de deux ans.
79. La Déclaration de Venise de la 4ᵉ Conférence Internationale, *Toward the World Governing of the Environment*, Cini Foundation, Venise, 2-5 juin 1994.

D'importantes délégations de citoyens de nombreux pays formèrent alors des organisations en vue de l'application de ces propositions. Les femmes se firent particulièrement entendre en faveur d'une planète prospère et équitable et réclamèrent le droit à une nourriture saine, une atmosphère non polluée et une eau non contaminée. Women's Planet en Italie et Women's Environment and Development Organization (WEDO, Organisation des femmes pour l'environnement et le développement) à New York, sont deux organisations de premier plan, prêtes à accueillir de nouveaux partenaires. Les gouvernements argentin et autrichien apportèrent également leur soutien à l'idée d'une cour internationale. Un travail parallèle fut lancé au sein des Nations Unies, par l'intermédiaire de sa Commission du droit international, afin de définir les crimes environnementaux dans le cadre du Projet de code des crimes contre la paix et la sécurité de l'humanité.

Le 26 mai 1993, le Conseil de sécurité de l'ONU décida de créer un tribunal des « crimes internationaux » à La Haye. La portée de sa juridiction, pouvant ou non inclure les crimes environnementaux à titre occasionnel, était peu claire. Certains présentèrent ce tribunal comme l'alternative à une Cour internationale de l'environnement. Néanmoins, les compétences requises pour juger des affaires criminelles et des affaires environnementales sont différentes, car ces dernières nécessitent la collaboration d'experts techniques et scientifiques pour la clarification de certaines questions.

Pour ceux qui souhaitaient aider à la formation de ces institutions importantes, des comités nationaux chargés de leur organisation se créèrent en Argentine, en Belgique, au Canada, en Colombie, au Costa Rica, en France, en Allemagne, en Grèce, au Japon, au Luxembourg, au Mexique, au Portugal, en Espagne, au Royaume-Uni et aux États-Unis. Leur nombre augmenta régulièrement.

Il se pourrait que les femmes aux États-Unis rencontrent plus de difficultés que les autres, mais elles peuvent alors se rapprocher de l'Unifem, l'Organisation des Nations Unies pour les questions féminines, un meilleur forum pour rechercher du soutien. En décembre 1999, lorsque le Congrès des États-Unis décida de payer une partie de leurs dettes aux Nations Unies, il stipula que cet argent ne pouvait être affecté à la réduction des dettes occasionnées par le sommet de Rio de 1992 ou la Conférence des femmes de Beijing de 1995. Les sommes provenant des USA ne pouvaient servir en aucune façon à la Convention-cadre sur les changements climatiques, à l'Autorité internationale des fonds marins, à la Convention sur la désertification ou à la Cour pénale internationale. Quelle attitude incroyablement rétrograde pour un leader mondial ![80] Sous le président Bush, les USA manifestèrent la même aversion pour la réforme de la politique environnementale à l'époque du sommet de la Terre de Rio. Les USA ne respectèrent pas non plus le protocole de Kyoto, né du sommet de Rio+5, qui réclamait la réduction des émissions de dioxyde de carbone, bien que leurs émissions de CO_2 soient les plus élevées de la planète. Une Cour internationale de l'environnement offrirait l'opportunité de braver ce mépris flagrant de la part de la politique américaine.

Earth Council

En septembre 1992, est créée le Earth Council, une ONG issue de la Earth Council Foundation. Le gouvernement du Costa Rica, connu pour sa sensibilité environnementale et sa détermination pacifique (il ne possède pas d'armée), invita le conseil à installer son secrétariat en place à San José (la capitale) et soutint généreusement cette nouvelle organisation.[81] L'Earth Council est dirigé par vingt-et-un membres provenant de différents horizons internationaux, notamment de la politique, du monde des affaires, des sciences et d'organisations non-gouvernementales. Le Bureau d'origine est choisi par un comité d'organisation, et des modes de renouvellement démocratique et de prises de décisions transparentes sont en cours de développement. Un Conseil consultatif honoraire de quinze éminents leaders mondiaux est également choisi.

---

80. *Senate Committee Reports Detail Requirement for UN Reform*, Washington Report, 6 mai 1999. Disponible à l'Association des Nations Unies (UNA) des USA, Washington Office.
81. Le Conseil de la Terre est aussi soutenu par des donateurs privés.

L'organisation ne commença pas à fonctionner à l'échelle mondiale avant 1996, par conséquent ses politiques ne sont pas encore toutes élaborées. Cependant, depuis sa création, l'Earth Council forma de nombreux partenariats et organisa six programmes d'action principaux dans le cadre de l'Agenda 21. Sa mission déclarée et ses objectifs sont :

> Soutenir et octroyer aux citoyens le pouvoir de construire un avenir plus sûr, plus équitable et durable.

Le Conseil de la Terre est animé par trois objectifs fondamentaux :
- promouvoir la prise de conscience et apporter un soutien à la nécessaire transition vers des schémas de développement durables et équitables ;
- encourager la participation du public à la prise de décisions ;
- jeter des passerelles de compréhension et de coopération entre les organisations de la société civile et les gouvernements du monde.

L'adhésion au Earth Council est ouverte aux sociétés comme aux ONG. Les objectifs de l'organisation sont certainement admirables, mais la participation du monde de l'industrie n'est pas sans poser de problèmes. Les organisations non-gouvernementales qui furent les partenaires des Nations Unies depuis l'origine et qui sont essentiellement dirigées par des bénévoles, craignent que leur influence ne soit affaiblie par celle de grandes entreprises solides financièrement. La voix de l'industrie, qui domine le concert, pourrait sonner le glas des Nations Unies en tant qu'organisation du peuple.

Bien sûr, il est évident que les changements dans le comportement économique doivent concerner les grandes entreprises aussi bien que les entreprises de moyenne et de petite taille. Lors de la Conférence Rio+5, je pus observer par moi-même que les délégués du Business for Sustainable Development, de la

Chambre Internationale de Commerce et de la Banque Mondiale s'intégraient mal auprès des délégués des gouvernements et des ONG. Ils donnaient l'impression d'être davantage présent pour conseiller l'assemblée plutôt que pour engager un dialogue sérieux. Tandis que le secteur commercial s'est toujours reposé sur un modèle compétitif, peut-être qu'à l'avenir des ONG expérimentées pourraient former le monde des affaires aux pratiques de gestion collaboratives.

Les six programmes lancés par l'Earth Council couvrent la plus grande partie des réformes économiques et des changements dans les stratégies de développement proposés lors du sommet de Rio et de la Conférence Rio+5. Le premier programme concerne l'évolution continue de la Charte de la Terre. Le second abordera la réforme économique, accompagné d'une meilleure évaluation des succès et des échecs de la politique économique, et du retrait de nombreuses subventions inefficaces qui ont altéré le développement par le passé.[82] Ce programme concernera les banques, les affaires, les gouvernements et les ONG, qui s'emploieront à restructurer les politiques économiques sur un plan local, national et mondial.

Le troisième programme a pour but de renforcer la participation des groupes de la société civile dans le processus de prise de décision. Il faut encourager les citoyens à s'impliquer dans les projets de développement et de croissance, car le changement local est la clé d'une transition mondiale harmonieuse.

Le quatrième programme associe les initiatives de développement durable à l'abolition de la guerre, condition primordiale pour la survie de notre planète. Ce programme développera des mécanismes de médiation et de résolution des conflits et comprendra des projets pour un médiateur responsable du redressement des injustices dans les domaines de la santé publique, de l'environnement,

---

82. Certains des problèmes concernant le développement mondial sont mis en évidence dans la revue *Development Alternatives,* B-32 Tara Crescent, Qutab Institutional Area, New Delhi 110 016, India.

du développement et des droits de l'homme.[83] Je pense qu'il est important que ce programme se construise de telle façon qu'il obtienne rapidement des retours précis sur l'impact des changements de politique, afin d'être en mesure de corriger toute mauvaise décision.

Le cinquième programme du Earth Council a pour objectif de créer des liens de partenariat par le biais d'internet, principalement grâce à un réseau planétaire intitulé « Earth Network for Sustainable Development ». De cette façon, un très grand nombre de particuliers à travers le monde auront accès rapidement à de nouvelles données et pourront intervenir en fonction de leur propre perspective avec des données corrigées. Je pense que la plateforme internet proposée par l'Earth Council serait, par exemple, un moyen idéal pour les vétérans qui suspectent avoir subi des dommages dus aux armes de guerre de faire connaître leurs préoccupations. L'Earth Council, n'étant pas entravé par des préoccupations nationales, pourrait évaluer ces questions en toute objectivité. Évidemment, l'organisation des données, leur accessibilité et l'absence de censure sont des éléments indispensables au succès d'une telle entreprise. Il sera également capital de trouver des méthodes pour identifier les sources d'information, afin de distinguer faits réels et spéculation, et de s'assurer que le réseau n'est pas victime de tromperies ou d'informations incorrectes postées par ceux qui ne partagent pas ses objectifs.

Le programme final du Earth Council prévoit la participation de « groupes spéciaux de partenaires » au sein de chacun des cinq autres programmes. Ces groupes comprennent des autochtones, des femmes, des groupes de jeunes et des groupes religieux, qui parviennent rarement à se faire entendre dans les affaires nationales et internationales. Il en est peut-être ainsi, car les formes dominantes de communication et de consultation ont été conçues par des hommes blancs pour des hommes blancs. C'est

---

83. Andre de Moor et Peter Calami, *Subsidizing Unsustainable Development: Undermining the Earth with Public Funds*, publié par le Conseil de la Terre, San Jose, Costa Rica, 1997.

le problème que rencontrent les femmes tentant de faire partie des conseils d'administration des grandes compagnies ; elles ne sont les bienvenues qu'à la condition d'être capables de se comporter comme « des garçons ». Les autochtones, habitués à des consultations en cercles communautaires où celui qui tient le bâton de parole prend la parole et où les accords s'obtiennent par consensus, se sentiront probablement mal à l'aise face aux *Robert's Rules of Order*.[84] (La nouvelle politique de la Banque Mondiale, qui fait intervenir des ONG locales du pays demandeur dans la planification des grands projets qu'elle finance, est une avancée encourageante notée lors de la Conférence Rio+5. Elle s'est également engagée à financer ces organisations, une politique appelée « renforcement des capacités », en vue de leur permettre de participer pleinement aux négociations dans l'accord des prêts.)

Les difficultés envisagées ne devraient pas être un obstacle à la formation et au développement du Earth Council. C'est un nouveau mode d'action pour un nouvel âge. S'il reçoit le soutien et les encouragements appropriés, il constituera une base sur laquelle ses membres pourront bâtir un outil de changement efficace.

Comment relier les entreprises locales aux initiatives mondiales

Des citoyens travaillant sur des projets locaux très spécifiques sont la clé de voûte de la transformation sociale. Ainsi, en réponse aux problèmes de santé et dans le but de réduire les coûts, les agriculteurs de l'Ontario diminuèrent de 25 % les quantités de pesticides utilisées ces dix dernières années et ils envisagent de les réduire de 50 % de plus d'ici à 2002. Ils organisèrent également le recyclage des containers de pesticides et l'élimination sans risque des produits inutiles ou retirés de la circulation. La Ontario Farm Environmental Coalition étudia la liste de dix-sept questions

---

84. Initialement intitulé *Pocket Manual of Rules for Deliberative Assemblies* (1876), *Robert's Rules of Order* est considéré aux États-Unis comme l'énoncé officiel des règles parlementaires qui régissent les séances publiques. La première édition a été rédigée par Henry Martyn Robert, ingénieur militaire, et était essentiellement une adaptation des pratiques de la Chambre des représentants des États-Unis.

environnementales clés auxquelles sont confrontés les agriculteurs et réclame désormais un plan agricole environnemental complet.

Les initiatives locales peuvent tirer profit des informations et du soutien des programmes mondiaux ou nationaux. L'aide fournie par les réseaux informatiques pour un tel projet s'élabore peu à peu par l'intermédiaire de l'International Council for Local Environmental Initiatives (ICLEI), connu également sous le nom d'International Environment Agency for Local Goverments, dédié à la prévention et à la solution des problèmes environnementaux par l'action locale. En 1998, 300 villes dans le monde y étaient affiliées et leur nombre continuait de grandir rapidement.

L'ICLEI débuta son activité en 1990, sous le parrainage du Programme des Nations Unies pour l'Environnement, de l'International Union of Local Authorities et du Center for Innovative Diplomacy. Il obtînt un statut officiel auprès des Nations Unies lui permettant de diffuser les intérêts des gouvernements locaux. L'ICLEI joue le rôle d'organisation faîtière dans laquelle chacun peut travailler sur les questions particulières à son propre territoire, tout en bénéficiant des connaissances accumulées par d'autres projets en cours dans le monde. Finalement, le Conseil offre un moyen aux organisations locales d'impacter concrètement le développement des politiques innovantes.

Il existe aujourd'hui deux programmes lancés par l'ICLEI : Cities for Climate Protection Campaign et Local Agenda 21 Initiatives. Ce dernier est basé sur la liste extensive des « choses à accomplir », née de la première conférence de Rio. Les organisations concernées sélectionnent ce qui leur semble le plus pertinent selon les besoins de leur communauté. Elles élaborent ensuite des plans d'action avant de les mettre en œuvre. Local Agenda 21 Initiatives offre également une formation dans des domaines comme l'audit environnemental, l'évaluation de diverses questions, la planification stratégique en matière d'énergie, et l'établissement d'un budget environnemental. Tandis que la Cities for Climate Protection Campaign aide les villes à atteindre leurs objectifs de réduction locale de dioxyde de carbone.

Elle intervient dans différents projets d'assistance technique qui se concentrent sur des approches innovantes de financement et de réalisation de mesures concrètes en matière d'énergie dans les bâtiments commerciaux et municipaux ; sur la réduction des émissions de gaz à effet de serre par des programmes efficaces de gestion des déchets et par une planification de l'aménagement du territoire ; et sur l'élaboration de stratégies pour la réduction des émissions dans le secteur des transports.

Un bon exemple d'initiative locale fructueuse, en liaison avec la situation mondiale, est celui de la production d'un système de mesure de l'empreinte écologique pour la ville de Toronto, utilisant la même méthodologie que celle employée pour les empreintes écologiques nationales décrites au chapitre 5.[85] À la suite de cette analyse, nous découvrîmes que le secteur des transports est responsable du gaspillage de la plus grosse quantité de ressources. Cet audit de l'empreinte donna aussi naissance à des projets divers, tels que des toitures végétales, une agriculture urbaine et l'achat plus important de production fermière locale. Un scientifique allemand audacieux, Hans-Peter Dürr, développa un programme informatique capable de calculer l'empreinte écologique des particuliers en tenant compte de leur profession, de leur mode de vie et de leurs finances. Il nota, par exemple, que ceux ayant un mode de vie écologiquement sain, peuvent se découvrir une empreinte écologique importante – et ceci en raison du placement de leur argent par les banques dans des projets qui gâchent ou détruisent les ressources naturelles.

---

85. L. J. Onisto, E. Krause et M. Wackernagel, *How Big is Toronto's Ecological Footprint*, the Centre for Sustainable Studies and the City of Toronto, septembre 1998.

Évaluation de la qualité du sol et de l'eau sur l'ancienne base des forces aériennes de Clark aux Philippines, 1997

L'arsenic détecté dépassait la norme acceptée par l'Organisation mondiale de la Santé (OMS) dans six puits opérationnels. Le pesticide Dieldrin se situait au-dessus de la norme de l'OMS dans quatre puits opérationnels, puits d'appoint et puits hors service.

Un puits d'appoint contenait des solides dissous, du sulfate et des bactéries coliformes au-dessus de la norme de l'OMS. Dix composés organiques volatiles furent mesurés au-dessus de la norme de l'OMS dans un puits hors service.

Dans le puits d'évacuation du camp, nous trouvâmes des nitrates, du mercure et des bactéries coliformes au-dessus des normes de l'OMS.

Furent aussi enregistrés : des niveaux de pesticides dépassant de dix à trente fois les critères établis pour un terrain industriel ; des produits pétroliers à de très hauts niveaux (au-dessus des niveaux de nettoyage du gouvernement des USA) ; de hauts niveaux de dioxines et d'hydrocarbures aromatiques polycycliques ; des concentrations élevées de plomb aux abords de l'atelier des batteries, plus de deux fois au-dessus des critères industriels ; du kérosène, du benzène, du toluène, du benzène d'éthyle, et du xylène, dans la zone d'aviation.

Il se trouvait deux décharges de déchets toxiques sur le site, et un polygone de tir contenant des munitions non explosées.

Établi par Weston Industrial,
West Chester, PA, USA, août 1997.

Les citoyens qui joignent leurs efforts à l'une ou l'autre de ces actions locales ou régionales prendront sans doute conscience, à un moment quelconque, des excès militaires qui menacent les écosystèmes. En effet, beaucoup seront sûrement directement confrontés à des pollutions locales causées par l'armée. Comme je l'ai mentionné au cours du chapitre précédent, l'assainissement des anciennes bases militaires est aujourd'hui un problème majeur. La base des Forces Aériennes de Clark et la base navale de Subic aux Philippines en sont un bon exemple.[86] Les Philippins qui tentent de vivre sur l'ancienne base de Clark sont maintenant atteints de maladies inhabituelles.[87] Bien que la Cour des comptes des États-Unis ait déclaré que la contamination de ces bases relèverait du Superfund si elle avait eu lieu sur le territoire américain,[88] le gouvernement américain rejette toute responsabilité. Il rétorque que le contrat conclu avec les Philippines en 1898 ne prévoit pas d'assainissement. Des organisations telles que le Stockholm Environment Institute et le Sipri rassemblent des informations afin de parvenir à que ces problèmes locaux soient considérés dans un cadre mondial.

Il n'est pas nécessaire que chaque petite communauté réinvente la roue. Le travail en réseau rendu possible par des organisations comme l'ICLEI offre à chaque communauté l'accès à une immense quantité d'informations qui lui permet de mieux appréhender les situations grâce aux expériences des autres groupes. En travaillant sur notre milieu local, nous contribuons au bon état de santé de la totalité de la planète. N'oubliez pas cette devise : « Pensez mondialement, agissez localement. »

---

86. Rapport de l'OMS sur les déchets toxiques abandonnés par les forces armées américaines sur les bases militaires aux Philippines, 9 mai 1993.

87. Dr Rosalie Bertell, *Health for All: A Study of the Health of People Living on or near to the Former Clark Air Force Base 1996-1998*, projet commun de l'International Institute of Concern for Public Health, Toronto, et People's Task for Base Cleanup, Manille. Publié par the IICPH, Toronto, Canada, octobre 1998.

88. *Military Base Closures, US Financial Obligations in the Philippines*, US General Accounting Office, 1992.

Protéger la santé humaine

Prévenir les effets de la dégradation environnementale sur la santé humaine – et particulièrement celle des enfants – est une composante fondamentale d'une politique environnementale sérieuse. Les maladies humaines liées à la pollution environnementale sont l'un des dilemmes les plus dommageables et les plus tragiques de la vie moderne. Dans l'imagination populaire, le cancer est probablement l'effet secondaire le plus redouté, mais d'autres maladies chroniques et malformations congénitales sont tout aussi invalidantes.

Les taux de cancer semblent avoir régulièrement augmenté durant ce dernier siècle. Cela est probablement dû, dans une certaine mesure, à l'espérance de vie plus longue qu'auparavant dans le monde développé et à la découverte des antibiotiques, qui a réduit le nombre de décès par infections.

D'une manière générale, nous vivons plus vieux et sommes moins sujets aux autres maladies, ce qui laisse davantage de place au cancer. Cependant, il est aussi très fortement lié à l'augmentation dramatique des produits chimiques fabriqués par l'homme et des radionucléides dans l'environnement. La plupart des produits toxiques et des radionucléides sont mutagènes et carcinogènes – c'est-à-dire qu'ils sont capables de modifier l'ADN, le matériel génétique qui ordonne à la cellule de produire une enzyme ou une hormone, ou bien qui contrôle les périodes de croissance et de repos de la cellule. Un cancer se caractérise par la croissance incontrôlée d'une cellule incapable de rester au repos.

Cependant, il n'est pas toujours facile de retracer la cause environnementale d'une maladie spécifique. Il se trouve toujours un certain temps de latence entre le moment de l'exposition et le développement d'une maladie qui peut être diagnostiquée cliniquement. Et d'un autre côté, la plupart des gens sont exposés à une telle quantité de produits chimiques, ce qu'on appelle la « soupe toxique », qu'il est presque impossible d'identifier l'effet de chaque produit séparément.

Étant donné cette situation, il est évident que les taux de cancer ne sont pas les marqueurs les plus fidèles des effets de la pollution, bien qu'ils soient fréquemment employés dans les études de santé publique. Nous obtiendrions des mesures plus efficaces en considérant les épisodes d'insuffisance respiratoire chez l'homme, par jour ou par semaine, le taux de fausses couches chez la femme ou chez les animaux de ferme, la mortalité chez les poissons ou les oiseaux, ou encore la vitesse à laquelle les bactéries mutent et deviennent résistantes aux médicaments. Ces indicateurs avertissent très tôt et de façon claire des atteintes portées à l'environnement. Nous ne disposons pas non plus de ressources historiques fiables sur les effets de la pollution environnementale. Notre système actuel de conservation des archives de la santé publique est rudimentaire et obsolète, il se concentre encore sur les maladies infectieuses et les intoxications alimentaires. Dans les pays en voie de développement, les politiques de santé publique sont axées sur des problèmes tels que la malaria, la fièvre typhoïde ou la tuberculose, ainsi les effets des maladies causées par les pesticides et autres produits chimiques importés sont largement ignorés. Les anomalies de reproduction, les effets neurotoxiques, les maladies chroniques, les cancers et les désordres génétiques sont maintenant des indicateurs plus pertinents de l'état de santé de la population. Le contrôle sanitaire de ces facteurs est très différent, donc des changements importants dans les méthodes de collecte et d'interprétation des données s'imposent de toute urgence.[89]

Nous pouvons également recueillir des informations pertinentes sur la pollution environnementale en observant ses effets sur les animaux. Comme nous l'avons déjà remarqué, une forte diminution de la population de poissons dans un lac est un indice important

---

89. M. Minkler (ed), *Community Organizing and Community Building for Health,* Rutgers University Press, New Brunswick, NJ, et Londres, 1997. Voir aussi *Statistics Needed for Determining the Effects of the Environment on Health,* Report of the Technical Consultant Panel of the United States National Committee on Vital and Health Statistics, Series 4, n° 20. US Department of Health, Education and Welfare DHEW Publ. N° (HRA) 77-1457, 1977.

signalant de graves dysfonctionnements dans la région. Nous faisons tous partie de la biosphère et l'état de santé d'une partie affecte le tout. Par conséquent, à un niveau basique, si des personnes consomment du poisson contaminé du lac, leur santé en sera probablement affectée elle aussi. Des animaux en bonne santé sont aussi indispensables au bien-être de la planète que de l'air pur et de l'eau propre.

En 1993, des membres du Great Lakes Research Consortium (Consortium de recherche sur les Grands Lacs)[90] effectuèrent l'interview téléphonique des responsables en différents « points chauds » suspectés de pollution autour des Grands Lacs. Ils établirent une liste des questions de santé mentionnées par les personnes vivant dans les secteurs qui posent problème. 32 % citent la qualité de l'air ; 29 % l'eau potable ; 21 % les cas de cancers ; 11 % la contamination des poissons ; et 7 % les problèmes de fertilité. En réponse à ces préoccupations du public, le Great Lakes Human Health Effects Research Program (Programme de recherche des Grands Lacs sur les effets sur la santé humaine) rédigea deux guides à son attention : *Investigating Human Exposure to Contaminants in the Environment: A Community Handbook* (*Enquête sur l'Exposition Humaine aux Substances Polluantes dans l'Environnement : un Manuel Communautaire*) et *A Handbook for Exposure Calculations* (*Manuel d'Évaluation de l'Exposition aux Polluants*). Ils rassemblent actuellement les retours recueillis dans les 400 pages du *Handbook for Health Professionals: Health and Environment* (*Manuel pour les Professionnels de Santé : Santé et Environnement*).[91] Ce sont d'excellents textes de base que nous pouvons utiliser dans l'objectif de donner plus de responsabilités aux communautés et de soutenir les initiatives locales.

---

90. Great Lakes Research Consortium, State University of New York, College of Environmental Science and Forestry, Syracuse, New York.

91. Ces documents et le *Summary: State of Knowledge Report on Environmental Contaminants and Human Health in the Great Lakes Basin* sont disponibles sur le site internet du Gouvernement Canadien : http://www.publications.gc.ca/site/eng/72516/publication.html.

L'exemple des Grands Lacs met en évidence la nécessité d'un accès public, en dehors de toute censure, des résultats de chaque étude conduite sur la pollution environnementale. Les femmes du bassin des Grands Lacs exprimèrent ouvertement leur méfiance envers les méthodes des agences gouvernementales et des industries pour communiquer les résultats de leurs études environnementales. La divulgation de « messages positifs », ajoutée au secret militaire, peut facilement conduire à l'erreur quant à la gravité des problèmes environnementaux. Certes, la ligne est ténue entre effrayer le public par le biais de l'information et l'encourager à prendre des initiatives. Ce n'est pas une tâche facile que de livrer des données scientifiques, plus particulièrement lorsque toutes les questions posées ne possèdent pas encore de réponses.[92]

En tant que spécialiste de la recherche sur le cancer, j'ai observé dans les années antérieures à 1970 un dilemme moral très semblable : fallait-il dire ou taire la vérité à un patient ? Certains praticiens ne souhaitaient pas non plus avertir la famille du malade. Nous croyions alors que connaître la gravité de sa maladie empêcherait le patient de lutter pour sa guérison. Il perdrait simplement tout espoir. Pourtant, bien que ce ne soit aisé ni pour le malade ni pour la famille, il s'est avéré que l'honnêteté est toujours la meilleure attitude.

Comprendre la valeur de la vérité doit faire partie des politiques environnementales. L'information subit trop souvent la censure sous prétexte que « la population pourrait paniquer ». Nous devons faire pression pour que des dialogues plus constructifs se fassent entendre et que se créent des forums dans lesquels les communautés locales puissent obtenir des explications claires et honnêtes concernant chacune des connaissances scientifiques accumulées. Respect mutuel et coopération permettront d'établir un plus haut niveau de confiance entre les peuples et leurs gouvernements.

---

92. *The Role of the Media in Health Risk Perception: A Literature Review*, préparé par Lori Abbott, pour Great Lakes Health Effects Programme, Health Canada, août 1994.

Risques sanitaires pour les enfants

La totalité de l'impact des polluants environnementaux, selon que l'on considère ceux-ci séparément ou en association, est inconnue. Parce que la pollution s'accumule graduellement, le taux de maladies chez les adultes exposés s'accroît de même avec le temps. Les enfants sont particulièrement menacés, car ils viennent au monde mal équipés contre les quantités élevées de toxines que nous rencontrons aujourd'hui. Ils ne possèdent pas la même faculté que les adultes de métaboliser, détoxifier et éliminer les produits chimiques toxiques. Cependant, au cours de la petite enfance et de l'enfance, la croissance osseuse s'accompagne d'un renouvellement plus rapide du tissu osseux et il est donc parfois possible de réduire l'ingestion de métaux lourds, y compris de radionucléides, en employant de l'eau distillée, par exemple.

Les risques sanitaires environnementaux encourus par les enfants sont de plus en plus reconnus comme un thème majeur des préoccupations mondiales. La Convention relative aux droits de l'enfant des Nations Unies déclare qu'un enfant est en droit de bénéficier du plus haut degré possible de bonne santé et de soins sanitaires, et peut prétendre à des conditions de vie saines. Ce lien entre environnement et santé infantile est reconnu une nouvelle fois le 5 mars 1997 lorsque, aux Nations Unies, les responsables du Programme des Nations Unies pour l'Environnement et ceux du Fonds des Nations Unies pour l'Enfance signent un protocole d'entente visant à la coopération au sein des domaines fondamentaux concernant le développement durable. Ils s'engagent ainsi à soutenir mutuellement la mise en œuvre de programmes assurant le bien-être des enfants. Si l'environnement ne présente pas de risques pour les enfants, il est plus probable que les adultes aussi puissent accéder au maximum de leur potentiel.

L'International Network on Children's Health, Environment and Safety (Inches) fut créé lors de la rencontre de la Société pédiatrique internationale à Amsterdam, en août 1998.[93]

---

93. Inches ouvre des perspectives sur un large éventail de professions mettant en relation la santé environnementale et la santé de l'enfant.

Inches fonctionnera comme une structure de coordination au sein de laquelle les travailleurs dans le domaine de la santé de l'enfant partagent leurs plus récentes données avec leurs collègues d'autres régions, et, de ce fait, renforcent le caractère interdisciplinaire et international de leurs recherches. Ses membres comptent des associations nationales et internationales, des instituts de recherche et des instituts politiques, des associations de défense, des universités, des organisations de parents et d'enfants, des agences nationales et intergouvernementales, et des particuliers.[94]

Le rapport sur la « Situation des enfants dans le monde » de 1995, préparé par l'Unicef, attira l'attention sur « le nombre croissant de séries de catastrophes dont les enfants sont victimes ». Ces catastrophes comprennent les conflits au Rwanda, au Mozambique, en Angola, en Somalie, au Soudan, en Afghanistan, au Cambodge, en Haïti et en Bosnie. Selon l'Unicef, « tous ces conflits, rendus particulièrement dévastateurs par l'usage d'armes exportées par les nations industrialisées, provoquent non seulement la souffrance de millions de familles à court terme, mais ont des conséquences à long terme sur le développement des peuples et des nations ».[95] Ces dix dernières années, deux millions d'enfants furent tués dans une guerre, quatre à cinq millions furent physiquement handicapés, plus de cinq millions furent regroupés dans des camps de réfugiés, et plus de douze millions perdirent leur foyer.

La souffrance des vétérans

Les dangers sanitaires environnementaux générés par les activités militaires présentent un ensemble unique de difficultés. Autrefois, ceux qui tentaient d'établir un rapport entre la maladie et l'usage des armes étaient taxés de « communistes » à l'ouest et de « capitalistes » à l'est. Je me souviens d'un essai nucléaire souterrain

---

94. Rosalie Bertell, *Environmental Influences on the Health of Children*, dans *Risks, Health and Environment,* M. E. Butter (ed), Rapport n° 52, Science Shop for Biology, University of Groningen, Hollande, 1999.
95. *The State of the World's Children 1995,* James P. Grant (ed), directeur exécutif de l'Unicef, Oxford University Press, Oxford, 1996.

en 1970, appelé « l'Incident de Baneberry », qui tourna très mal. Les gaz radioactifs et les débris sortirent à l'air libre dans le désert du Nevada, et le nuage toxique qui en résulta traversa les États-Unis, pénétra au Canada près de Buffalo, New York. Un travailleur patriote sur le site de l'essai déclara haut et fort qu'un « communiste » avait fait le coup dans l'intention de discréditer le programme d'essais nucléaires des USA. La plupart des projets militaires sont porteurs du même poids patriotique.

La nature toxique de l'armement militaire, particulièrement celui mis au point durant et après la Deuxième Guerre mondiale, causa une diffusion élargie de maladies parmi les forces armées. Les vétérans de la guerre atomique organisèrent des associations de soutien à l'ouest et en Russie. Ces hommes furent mis en marche vers la zone désertique laissée par une explosion nucléaire atmosphérique afin de vérifier s'ils étaient capables de répondre aux ordres au cœur d'une guerre nucléaire. Et pourtant, pour ces vétérans, parler de leur expérience ou ne serait-ce que se plaindre de leurs problèmes de santé, comme la perte de leurs dents et la chute de leurs cheveux, de graves défaillances de leur système immunitaire et finalement des cancers fatals, était considéré à l'époque comme un manque de patriotisme.[96] Après de nombreuses années de silence, de lutte, de rejet, et la mort de beaucoup d'entre eux, quelques survivants commencèrent à recevoir des dédommagements dans les années 1990. En avril 2000, le gouvernement américain reconnut finalement le caractère professionnel des maladies subies par les travailleurs dans la production d'armes nucléaires et annonça qu'eux aussi recevraient des indemnités.[97] C'est un premier pas conséquent, sachant que les USA avaient certifié au reste du monde que les normes de protection contre les radiations protégeraient les travailleurs de tout dommage.[98]

---

96. Rosalie Bertell, *No Immediate Danger: Prognosis for a Radioactive Earth,* The Women's Press, London, 1986.

97. Joby Warrick, *US Plans to Pay for Ills from Radiation, Washington Post,* 12 avril 2000, A1.

98. Publications de l'Académie nationale des sciences des États-Unis sur les effets biologiques des radiations ionisantes, connues sous le nom de Rapports BEIR. Publiés par the US National Academy Press, Washington DC.

Depuis plusieurs années, le gouvernement américain exploite des usines de production d'armement dans le plus grand secret. Toutes plaintes pour maladies suscitaient des procès dans lesquels il incombait à la victime de prouver ses propos et tout ce qui relevait de l'enquête, du financement, de expertise légale, était de la responsabilité du gouvernement. Le nouveau programme d'indemnisation est qualifié de « sans précédent » et de « première reconnaissance de responsabilité tangible depuis des dizaines d'années des conditions de travail dangereuses dans des dizaines d'usines de bombes nucléaires ».[99] Ces nouvelles mesures auront des répercussions dans l'industrie nucléaire du monde entier.

Les vétérans de la guerre du Vietnam qui furent exposés aux effets de l'Agent orange formèrent également des associations afin de réclamer des indemnités maladie. Plus récemment, ce sont les vétérans de la guerre du Golfe qui souffrirent de maladies et subirent des décès. Ces vétérans condamnent rarement la guerre elle-même. Ils se contentent de demander au gouvernement de reconnaître leurs blessures, de leur prêter assistance et de prendre soin de leur famille. Peut-être qu'avec le temps, ces acquis s'étendront aux populations autochtones dont les terres ont été minées et broyées pour en extraire l'uranium nécessaire à la fabrication des bombes atomiques, et qui furent soumises à la pollution des essais d'armement. Soins et assistance sont également dus aux personnes appelées « downwinders », celles habitant sous le vent des sites d'essais nucléaires et des décharges de déchets toxiques.

Une économie saine
Entre 1960 et 1993, le taux de mortalité des nouveaux-nés passa de 28 à 5 pour mille en Finlande, tandis qu'au Niger, il demeura de 320 pour mille. Dans toute l'Afrique subsaharienne, le taux de mortalité moyen des nouveaux-nés est de 179 pour mille en 1993, tandis qu'au sein des pays industrialisés, il n'est que de 10 pour mille. Cette disparité est due en grande partie au manque d'accès à l'eau potable, à la piètre qualité de l'hygiène et à l'insuffisance des

---

99. Joby Warrick, op. cit.

services de santé. Dans les pays les moins développés sur le plan économique, seulement 46 % de la population rurale disposent d'eau potable et seulement 27 % bénéficient de conditions sanitaires convenables. Les taux de décès liés à la maternité reflètent une situation tout aussi tragique. Dans les pays développés, dix femmes meurent en couches sur 100 000 naissances ; dans les pays en voie de développement, ce chiffre s'élève à 351 et 607 dans les moins développés. La relation entre la pauvreté, la dégradation de l'environnement, l'état de santé et les conditions de procréation est saisissante.[100]

Il est évident que pour construire une société durable il est indispensable de disposer de programmes sociaux efficaces. Dans de nombreux pays, qu'ils soient développés ou en voie de développement, les programmes sociaux sont soumis à de rudes contraintes en raison du manque d'argent. Le chômage, profondément ancré, réduit les ressources des familles à un moment où les filets de sécurité que représentent beaucoup de gouvernements et d'organisations caritatives, soit disparaissent soit sont gelés à leur niveau actuel. Cette situation peut aviver un sentiment de désespoir et engendrer le recours à la violence, compromettant un peu plus l'équilibre de notre monde naturel. À un moment où chacun prend conscience qu'en tant que membres d'une société, nous devons faire le choix de vivre dans les limites de nos possibilités écologiques, les moyens d'y parvenir de façon juste et équitable suscitent de vifs débats.

La réduction mondiale des besoins en armement soulagerait indirectement le poids de la dette des pays en voie de développement, car beaucoup dépensent une grande partie de leur produit intérieur brut dans l'acquisition d'armes. En effet, de nombreux appels se sont fait entendre pour que « la dette du tiers-monde » soit annulée purement et simplement afin de permettre à ces pays de consacrer leurs finances à leurs besoins intérieurs. Klaus Toepfer, directeur exécutif du Programme des Nations Unies pour l'environnement (Unep), déclara lors d'une conférence de presse : « L'annulation de la dette est un préalable nécessaire au développement durable

---

100. Grant, op. cit., Table 10, pp. 84-85.

– un pas essentiel pour augmenter les ressources nécessaires à l'éducation, la santé et l'environnement. » Il affirma également que l'annulation de la dette ne pourrait avoir de résultats positifs qu'accompagnée d'une gouvernance exemplaire :

> L'annulation de la dette ne pourra améliorer les conditions de vie des millions de personnes sans foyer ou vivant dans nos villes sans un toit convenable qu'à la condition que les gouvernants et les autorités locales s'engagent sur la voie d'une meilleure administration urbaine.[101]

Quelques avancées positives en faveur de l'annulation de la dette eurent déjà lieu : en juin 1999, les leaders mondiaux au sommet du G8 de Cologne, s'accordèrent afin de relancer l'Initiative pays pauvres très endettés (PPTE), et il fut planifié qu'environ trente-six pays pourraient en bénéficier et recevoir ainsi des remises de dettes pour un total d'environ 70 milliards de dollars. Toutefois, la réduction de la dette à elle seule ne pourra résoudre les énormes problèmes auxquels les pays en voie de développement font face dans le monde, et Klaus Toepfer plaida également pour un accroissement de l'aide au développement des pays d'outre-mer.

Le fossé entre fortunés et démunis ne cesse de s'élargir à travers le monde. Y compris dans les pays économiquement développés, l'atmosphère est on ne peut plus pessimiste et le plus souvent pour de bonnes raisons. Le produit intérieur brut (PIB) d'une communauté mesure le montant total des revenus générés par sa production, que ces revenus profitent à ses résidents ou non. Il existe une différence gigantesque entre les taux annuels des huit premiers pays et des huit derniers de la liste.[102] Voici, par exemple, les chiffres de 1994, avant le crash de l'économie asiatique.

101. *UNEP and Habitat Welcome Group of Eight Cologne Debt Relief Initiative*, UNEP Press Release, 21 juin 1999.
102. Rapporté dans *Asia Week,* 1ᵉʳ septembre 1995. Cet article date d'avant le « crash » de l'économie asiatique. Néanmoins, il démontre l'influence des investissements de la communauté la plus riche qui manipule ainsi les marchés mondiaux, affectant ainsi significativement la qualité de vie du reste de la population.

Pays ayant le plus fort taux de croissance du PIB		Pays ayant le plus faible taux de croissance du PIB	
Brésil	10,50%	Canada	0,70%
Chine	10,30%	USA	0,50%
Corée du Sud	9,90%	Japon	0,30%
Malaisie	8,90%	Kenya	-0,20%
Thaïlande	8,50%	Turquie	-1,50%
Vietnam	8,50%	Arabie saoudite	-2,00%
Singapour	8,10%	Russie	-6,00%
Laos	8,00%	Mexique	-10,50%

(NdÉ : évidemment, ces chiffres ne sont plus à jour, mais nous les avons conservés pour la démonstration, ainsi que pour les comparaisons par rapport à aujourd'hui.)

En apparence, il semble que les économies de certains pays en voie de développement comme le Vietnam sont florissantes, mais ces statistiques rassemblent seulement les pays où se font des investissements et se créent des emplois, pas nécessairement ceux où s'accumulent les richesses. Les propriétaires des sociétés peuvent être canadiens, américains ou européens, les profits engendrés iront donc à l'étranger. Le crash des pays asiatiques démontre combien ces bénéfices peuvent être volatiles. Lorsque des investisseurs étrangers récupèrent leurs capitaux, c'est l'économie toute entière qui s'effondre.

Il est clair que le Canada, les États-Unis et le Mexique ne sont pas des pays créateurs d'emplois, bien que des sociétés multinationales et des entreprises individuelles à l'intérieur de leurs frontières créent des emplois et amassent d'énormes profits ailleurs dans le monde. Pour les citoyens de ces pays, cela signifie la diminution des opportunités de travail et l'augmentation des soucis financiers. Actuellement, la loi qui domine l'économie mondiale est celle dictée par la cupidité, et la puissance militaire protège cette cupidité.

La bonne nouvelle est que les besoins environnementaux offrent du travail dans l'immédiat. Par exemple, seulement au Canada, il existe aujourd'hui plus de cinq mille entreprises liées à l'environnement employant près de 300 000 personnes. Les ventes annuelles de ce secteur représentent maintenant 22 milliards de dollars.[103] En renforçant ce secteur et en formant des partenariats entre les gouvernements, les universités et les ONG environnementales, nous pourrions commencer à bâtir des économies plus solides qui contribueront à la protection de l'écologie plutôt qu'à sa destruction. Nous pouvons également encourager les industries à se diriger vers la « production propre ». Si les industries modifient leurs méthodes de production pour devenir plus propres, les atteintes à l'environnement diminueront. Comme nous l'avons indiqué dans le chapitre précédent, l'industrie devrait uniquement fabriquer les produits réellement utiles aux besoins du monde plutôt que des articles de luxe pour les plus fortunés. Tout cela nécessite la transformation profonde de notre mode de pensée. Le travail d'équipe, la coopération, la responsabilité, doivent devenir les nouveaux paradigmes du monde du travail, et non plus la compétition. Du temps sera nécessaire au développement de ces compétences, mais l'effort en vaut sûrement la peine.

Quelques exemples encourageants d'action citoyenne

Même si tout cela semble une entreprise difficile, nous ne devons pas pour autant nous décourager dans nos efforts pour adopter des pratiques plus équitables. Des personnes exceptionnelles sont souvent parvenues à modifier le cours des politiques publiques, avec ou sans le soutien d'organisations connues. Agir au sein d'une coalition est, bien sûr, une manière efficace de procéder à des changements, et les résultats obtenus à travers le monde par les organisations non gouvernementales témoignent de la puissance et du potentiel des actions citoyennes.

---

103. Selon un rapport mis à jour et adressé par le Canada à la Commission du développement durable des Nations Unies, 3ᵉ session, 11-28 avril 1995. Disponible au Department of Foreign Affairs and International Trade, Ottawa.

Initialement, la plupart des ONG étaient des organisations assurant des services, intervenant pour défendre les droits de l'homme et résoudre les conflits, ou porter assistance aux réfugiés et aux populations déplacées... Ces organisations possédaient des compétences, un savoir ou une influence, qu'elles mettaient au service de leurs bénéficiaires, dans l'espoir d'améliorer leur situation à la suite de leur intervention. Des organisations comme la Croix-Rouge, le Croissant-Rouge, Legal Aid et Médecins Sans Frontières nous viennent à l'esprit. Alors que leur action était louable, et est malheureusement toujours nécessaire, les dix dernières années du XXe siècle ont vu l'élargissement des activités des ONG, qui incluent maintenant des champs d'action tel que l'activisme politique et l'élaboration de politiques. Ces initiatives prises par les ONG entraînent des changements structurels qui auront des conséquences durables. Vous trouverez ici quelques exemples d'ONG de ce type, mais il en existe encore beaucoup d'autres dans toutes les parties du monde. J'espère que le lecteur se sentira inspiré par ces exemples d'action positive.

Council on Economic Priorities (CEP)

Le CEP est une organisation indépendante de service public, qui se consacre à l'analyse des politiques concernant la sécurité nationale, l'énergie, l'environnement et la responsabilité des entreprises. Sur ce dernier sujet, elle étudie les investissements éthiques, les comités d'action politique, l'équité en matière d'emploi et les problèmes des consommateurs. En 1986, le CEP publia son baromètre « Conscience des entreprises américaines » et pour les consommateurs, « Faire ses achats pour un monde meilleur ». En 1990, il lança l'attribution de récompenses pour la conscience des entreprises, et aujourd'hui, il intervient mondialement afin de certifier la responsabilité sociale des entreprises.[104]

---

104. Alice Tepper Marlin, présidente de CEP.

International Society for Ecological Economics (ISEE)
Cette organisation offre un important forum aux économistes, aux écologistes, aux universitaires et aux activistes, leur permettant de relier les différentes questions et de mettre au point des stratégies. Une des personnalités clés de l'association, Herman Daly, un économiste particulièrement au fait des questions américaines, brésiliennes et australiennes, fit paraître de nombreux écrits traitant des relations entre l'économie, le caractère durable de l'écologie et le comportement éthique. Cette organisation apporte une contribution majeure à la compréhension de l'impact de l'économie sur la destruction de l'environnement, et propose des solutions viables qu'il serait possible de mettre en œuvre à l'avenir.

Comité des Mères de soldats de Russie (Russie)
Le Comité des Mères de soldats est fondé par des femmes russes en 1989, en premier lieu avec pour objectif de ramener à la maison leurs fils partis au service militaire, afin qu'ils puissent être scolarisés. Elles réussirent à rapatrier 180 000 jeunes gens chez eux dans ce but. Elles protestèrent également contre ce qu'elles découvrirent être des pratiques courantes au sein de l'armée comme les passages à tabac, les abus et les humiliations. Elles apprirent que les hommes manquaient de nourriture, ainsi que d'autres produits de première nécessité, que 30 % des soldats étaient employés pour des travaux de construction et pratiquement traités comme des esclaves. Certaines de leurs demandes de réforme et de contrôle civil de l'armée furent concédées par le président Gorbatchev, mais la plupart ne furent pas respectées. Les Mères mirent ensuite en place un centre de réadaptation pour les soldats quittant l'armée pour des raisons de santé ; ce centre élargit son champ d'action en offrant aux conscrits et à leurs parents un parcours éducatif sur les droits de l'homme. Les Mères travaillèrent à des propositions en matière de législation et elles organisèrent des manifestations non-violentes. Pendant la guerre de Tchétchénie, des centaines de mères se rendirent sur les lieux des combats afin de ramener leurs fils chez

eux. Elles organisèrent « La Marche de la compassion des Mères » et bombardèrent la Douma russe de pétitions et de déclarations. Initialement, l'organisation ne comptait que cinq femmes.[105]

Forum des Écrivains scientifiques du Kerala, Inde (KSSP)
Dans un premier temps, cette organisation se donna comme objectif de diffuser les connaissances scientifiques dans les langues vernaculaires locales. Puis elle devint le mouvement scientifique du peuple, suscitant la création de beaucoup d'autres organisations semblables en Inde. Elle atteint alors 60 000 membres regroupés en deux mille unités environ. Elle proposait une formation continue pour les professeurs, choisissait les programmes d'études et les manuels d'enseignement, encourageait les nouvelles recherches, publiait des livres scientifiques, des journaux pour les enfants, organisait de grands festivals scientifiques pour la jeunesse et des programmes d'échanges entre professeurs. Grâce à son concours, l'État du Kerala atteignit en 1991 un niveau de totale alphabétisation. Le KSSP joua un rôle essentiel dans le domaine de la santé, les questions féminines, la recherche et le développement. La plus grande partie de ses revenus provenait de ses publications, y compris la vente de livres de porte à porte, et elle ne reçut aucune aide financière étrangère.[106]

Sahabat Alam Malaysia – Sarawak (SAM)
L'association Les Amis de la Terre en Malaisie participe à des campagnes pour le respect de l'environnement, les droits des autochtones, la protection des forêts tropicales, contre le déboisement, la pollution, l'érosion et la détérioration des sols. Malgré un gouvernement parfois répressif, l'association SAM, suivie par d'autres organisations influentes en Malaisie comme la Consumer's Association of Penang (CAP), l'Asian-Pacific

---

105. Le Comité des Mères de Soldats de Russie est désormais connu sous le nom de l'Union des Comités de Mères de soldats de Russie.
106. Prof. P. K. Ravindran était président du KSSP (Kerala Sastra Sahitya Parishad), Inde.

People's Environment Network[107] et Third World Network, attire l'attention de la société civile et du gouvernement sur les graves problèmes entraînés par l'iniquité des politiques de développement, la disparition des semences locales, la contamination par les pesticides, la responsabilité des grandes entreprises, et plaide pour une agriculture durable. Ce sont les premiers à lancer le concept d'état des lieux de l'environnement avec le *Rapport sur l'État de l'Environnement Malaysien de 1983-1984*.

Centre for Development Alternatives

Créé au Chili en 1981 par Manfred Max-Neef, le Centre pour les Alternatives de Développement a pour objectif de mettre en œuvre « une économie qui prend en compte l'intérêt des citoyens ». L'organisation essaie de réorienter le développement de telle sorte qu'il encourage l'autonomie et réponde aux besoins élémentaires de l'homme. C'est un centre d'échanges où les communautés rurales et urbaines, de petite et moyenne taille, peuvent trouver des informations qui les aideront à (re)dynamiser leur développement. Manfred Max-Neef accomplit un travail fondamental sur les besoins humains (avoir, faire et être) et les valeurs éthiques.

The Future in Our Hands

Cet institut norvégien réalise des recherches et des rapports réguliers sur les solutions politiques alternatives capables d'enrayer les crises. Il encourage ceux qui s'efforcent de faire émerger une société mettant « les valeurs sociales, mondiales et environnementales au-dessus des considérations économiques » et coordonne les mouvements obéissant à ces valeurs dans les pays industriels comme en voie de développement. Il gère un budget annuel de 3 millions de dollars redistribué pour le financement de projets dans plus de vingt pays.[108]

---

107. Maintenant appelé APEN, Asian Pacific Environment Network.
108. Future in Our Hands. Texte additionnel D- Nous détruisons lentement notre planète.

Aller de l'avant

Durant ces cinquante dernières années, les différentes agences des Nations Unies sont devenues de façon presque miraculeuse des agents plus ou moins efficaces de la transformation mondiale. C'est une réussite d'autant plus remarquable qu'elle est rendue ardue par la nature multinationale et multilingue de ses équipes, et l'intensification progressive de sa mission. Les attentes mondiales sont grandes et, de plus, l'organisation dut faire face à une grande insécurité financière. En ce moment crucial de notre histoire, il est indispensable de repenser les structures de l'ONU, de ses agences et de ses missions, afin de rediriger sa croissance future vers un développement durable et une sécurité véritable. Il est également important de redéfinir la sécurité de nos relations humaines afin qu'elle reflète cette nouvelle vision que nous nous efforçons de faire vivre.

Étant donné que, dès le départ, les Nations Unies ne disposèrent que de moyens matériels coercitifs très limités, l'organisation développa des qualités plus féminines de persuasion morale et d'élaboration de consensus. Récemment, par une suite de conférences internationales très rapprochées, l'ONU réussit à élaborer un agenda soutenant la protection de l'environnement, le développement durable, les droits de l'Homme, le contrôle démographique, et les droits de la femme et de l'enfant. Bien que ce consensus ne se soit pas encore traduit en actions, je suis persuadée que sa vitalité l'emportera.

Les femmes furent souvent les agents du changement social. Récemment, nous avons vu deux femmes à la tête d'agences principales de l'ONU, Elizabeth Dowdeswell à l'UNEP et Carol Bellamy à l'Unicef. Barbara Ward a écrit *Nous n'avons qu'une Terre*[109] (*Only One Earth*) en collaboration avec René Dubos. Cet ouvrage joua un rôle vital puisqu'il permit d'inscrire l'environnement

---

109. *Nous n'avons qu'une Terre*, Barbara Ward et René Dubos, J'ai Lu, 1er janvier 1974.

à l'agenda de la Conférence des Nations Unies de Stockholm en 1972. Ce livre permis plus particulièrement de légitimer l'intérêt des gouvernements pour les dimensions sociales, politiques et économiques du changement environnemental. La Conférence mondiale sur les Femmes à Beijing en 1995 bénéficia d'une éton-nante participation, et pour la première fois dans l'histoire, la conférence parallèle des ONG reçut plus de participants que la conférence gouvernementale. Tous sont des signaux très encourageants.

Toutefois, les nations les plus puissantes et les sociétés multinationales essayent d'orienter les Nations Unies vers une économie de marché agressive, au profit du commerce mondial. En théorie, ce modèle économique devrait créer des emplois et un meilleur niveau de vie pour tous, mais la réalité est tout autre. Glorifier le commerce est la plus nocive des pensées linéaires et trahit un intérêt minime pour l'environnement et le bien-être social. Le monde occidental qui oscille entre la concurrence militaire et la mainmise sur la politique commerciale mondiale aspire à utiliser les Nations Unies pour consolider son emprise. L'issue de cette lutte pour le pouvoir et l'influence au sein des Nations Unies aura d'énormes implications pour l'état de santé futur de la planète.

Il me semble que la guerre actuelle pour le commerce mondial nous impose un scénario insoutenable, identique à celui d'un concours de tir. Il impose la « logique » d'un ajustement structurel aux nations qui luttent pour développer leur économie, ajustement qui se retourne contre les peuples et leur apporte la pauvreté, la maladie et le crime. Le « remède » engendre la difficulté. L'instabilité d'une telle situation, quand le pauvre devient toujours plus pauvre et le riche toujours plus riche, ne peut être « gérée » par la seule force ou la répression. La cupidité, la violence et les objectifs à court terme permettront à un petit nombre de mener la « belle vie » pendant quelque temps, mais détruiront en définitive l'environnement et notre société telle que nous la connaissons. L'alternative qui nous est offerte passe par un changement général de comportement et l'adoption d'un large éventail d'attitudes et de valeurs nouvelles qui permettront le développement durable. Cette évolution a mis du temps pour se dessiner, mais lorsque l'on croit à la vie plus puissante que la mort, on peut résister contre vents et marées, et continuer à veiller et travailler pour ce changement.

Lorsque les Nations Unies furent créées en 1945, l'idée de développer ses composantes structurelles pratiques existait déjà. Cette idée s'incarna dans les pactes relatifs aux droits de l'homme. Ces pactes s'appliquèrent à toute personne née en ce monde et ils donnèrent naissance à de nombreuses organisations, telle que Amnesty International. Ils firent réfléchir tous ceux qui souhaitaient abuser du pouvoir, et même là où ils ne réussirent pas à modérer les agissements aberrants, ils supprimèrent toute prétention à l'approbation des citoyens. Les hommes *peuvent* changer de comportement, même lorsque ce comportement n'a jamais été contesté auparavant. Nous ne considérons plus l'esclavage, la torture, l'oppression des femmes, l'exploitation des enfants et la destruction de la santé des travailleurs comme des choses acceptables. La lutte continue avec pour objectif de proscrire la peine capitale, le génocide, le viol, et toute violence.

Nous avons aujourd'hui une vision nouvelle qui grandira au cours des prochaines décennies. La Charte de la Terre incarne cette nouvelle vision. Si elle est soutenue, elle pourrait élargir non seulement les concepts de bonne gouvernance et de citoyenneté mondiales, mais elle devrait en définitive assurer la sécurité de notre planète.

Conclusion

Le mouvement anti-nucléaire pour la paix a maintenant cinquante ans et le mouvement pour l'environnement vingt-cinq ans. Je n'ai jamais entendu une analyse satisfaisante des problèmes environnementaux causés par la recherche et les avancées militaires ou une analyse satisfaisante de l'environnement utilisé comme arme de guerre. Peut-être parce que le mouvement pour la paix lui-même donne davantage l'impression d'être en guerre que les préparatifs de guerre eux-mêmes. Ce mouvement consacre la plus grande partie de ses efforts à gérer et réduire les risques d'un conflit nucléaire, mais ne s'est pas intéressé au contrôle attentif de la recherche militaire plus générale et de son impact sur la planète. Les mouvements pour la paix les plus anciens se sont préoccupés de guerre à faible intensité, de haines ethniques, de génocides et de tout un ensemble d'autres atrocités. Toutes ces questions sont de première importance. Toutefois, une simple décision stratégique telle que la suppression du financement et du personnel pour la recherche militaire aurait, je pense, stoppé de manière beaucoup plus efficace l'escalade de la violence.

Le mouvement pour l'environnement, d'un autre côté, se concentre principalement sur l'impact de la société civile, des modes de vie et des sociétés multinationales au détriment d'une véritable analyse des conséquences colossales de la guerre. Il n'est donc pas surprenant que vingt-cinq années d'efforts et d'éducation aux problèmes de l'environnement n'aient pas inversé ne serait-ce qu'un seul des problèmes environnementaux. La couche d'ozone disparaît à une vitesse plus rapide que prévue, la déforestation et la désertification s'étendent, dix mille espèces s'éteignent chaque année, le taux des maladies infectieuses et chroniques augmente à l'échelle mondiale, les déchets toxiques s'accumulent, sont insuffisamment isolés et parfois même expédiés vers des communautés peu méfiantes dans les pays du tiers-monde. On accuse El Niño d'être responsable du changement climatique, mais personne n'explique pourquoi El Niño est soudain devenu si fréquent et si extrême. Si les spasmes terrestres que nous observons ne sont pas la conséquence directe des expérimentations atmosphériques, il n'en demeure pas moins qu'ils mettent en évidence l'instabilité de l'atmosphère et le danger de projets qui la déstabiliseraient plus encore.

Dans ce livre, j'ai tenté de donner au lecteur les éléments qui lui permettront de se faire une idée de la crise qui, si nous persistons dans notre comportement actuel, mettra à genoux la communauté mondiale. Le rétablissement sera difficile, car aussi bien la santé des hommes que le système soutenant la vie sur Terre sont mis à mal. Les nouvelles générations qui naissent n'ont d'autre issue que de faire face aux erreurs des générations passées – des ressources épuisées, des terres polluées, l'instabilité environnementale et économique. L'avidité excessive domine l'économie mondiale, entraînant le dénuement et la rancœur qui provoqueront à leur tour des accès de violence. Les armes de guerre sont potentiellement plus destructrices qu'elles ne l'ont jamais été auparavant, et prennent pour cible non seulement les populations et les constructions, mais la structure même de la Terre.

D'un autre côté, nous pouvons constater la prise de conscience croissante des problèmes et une importante infrastructure de réparation se construit peu à peu, principalement à travers l'action de chefs de file particulièrement engagés à l'échelle mondiale, et grâce à l'énorme travail des bénévoles au sein de la communauté. Le travail en réseaux et la construction d'alliances sont la voie à suivre, avec internet comme outil privilégié pour une organisation mondiale. J'ai cité dans ce livre quelques-unes des milliers d'organisations faisant preuve d'esprit d'avant-garde, mais il en existe beaucoup d'autres. Toutefois, l'objectif de ce livre n'était pas de faire l'inventaire de toutes les opportunités offertes à chacun et chacune désireux d'apporter son aide pour abolir la guerre, l'exploitation et la destruction de l'environnement. J'ai plutôt cherché à démontrer que l'abolition de la guerre est devenue une nécessité et que le temps est venu de réaliser cette exigence.

Le message essentiel de ce livre est de montrer l'énorme importance des problèmes locaux et des solutions locales. Aucune initiative positive ou découverte fructueuse ne doit être perdue. Tout ce qui paraît être une question locale doit être rattaché à l'ensemble du corps politique, que ce soit la ville, l'État ou la province, la nation, la région du monde ou le monde lui-même. Peu importe à quel niveau une personne travaille, ou quelle somme d'éloges ou de rétribution financière elle reçoit, ses efforts font partie de tout un ensemble qui construit l'avenir.

J'espère que ce livre aura permis au lecteur de trouver l'inspiration et le moyen de prendre part à cet élan qui veut conduire notre planète vers la paix et son potentiel maximum. Malgré toutes ces années de maltraitance, elle demeure plus que jamais une étonnante et merveilleuse création. Elle mérite nos plus grands efforts. Appréciez-la, chérissez-la et sauvez-la !

TEXTES ADDITIONNELS
À L'ÉDITION ORIGINALE

Plans militaires dans l'espace – Partie 2[110]

Si nous savons leur résister, toute l'Europe sera libre et le monde pourra continuer de s'épanouir sur de vastes terres ensoleillées. Mais si nous échouons, alors le monde entier, ... et tout ce que nous connaissons, tout ce qui nous est cher, sombrera dans l'abîme d'une nouvelle ère des ténèbres que la lumière d'une science pervertie rendra encore plus sinistre et plus interminable.

Winston Churchill, « Ce fut leur heure la plus glorieuse »
Discours à la Chambre des Communes, 18 juin 1940.

Les projets militaires ont toujours eu un caractère grandiose, doublé d'un pouvoir d'attraction perverse, pourtant il semble que leurs objectifs n'aient jamais été atteints. En ce qui concerne Adolphe Hitler, il aurait été de loin préférable d'établir une paix juste et durable après la Première Guerre mondiale plutôt que de devoir affronter la revanche allemande. C'est peut-être dans ces mots : « Si nous savons leur résister », que se trouve la solution de l'énigme, soit l'idée sous-jacente que « la force prime le droit ». La guerre, dans les deux camps, ressemble à un jeu d'intimidation entre adultes. Gagner la guerre vous donne le pouvoir d'imposer votre « paix », qu'elle soit juste ou injuste. Si les accords sont injustes, ils fournissent le terreau à de futures représailles.

Il existe également la crainte très vive, et sans doute à juste titre, de la science « pervertie ». Nous avons vu ces deux motivations politiques à l'œuvre – le désir du monopole de la violence et la paranoïa au sujet de ce que « l'ennemi » possède – dans la course aux armes nucléaires ; et les mêmes motivations sont intervenues secrètement dans la conquête spatiale.

---

110. Ce chapitre a été rédigé par Rosalie Bertell en 2010, donc ultérieurement à l'édition initiale du livre, et il vient compléter le chapitre 3 (cf. volume 1).

Le raisonnement se poursuit comme ceci : l'unique manière de faire face à une guerre éventuelle qui détruirait nos métropoles et les avancées de notre culture est de concevoir des armes toujours plus effrayantes, toujours plus rapides et efficaces. Cette attitude peut être grossièrement traduite par « leur résister ». Ajoutez à cela l'idée que le meilleur remède contre la « science pervertie » est de posséder sa propre « technologie purement défensive » beaucoup plus puissante que celle de l'ennemi.

Même un enfant saurait distinguer le côté fallacieux d'un tel raisonnement. Il engendre une course aux armements et une escalade de la paranoïa envers l'ennemi, toujours plus dangereuses. Et, inévitablement, il devient de plus en plus vraisemblable que ces armements détiendront le pouvoir de détruire la planète, notre Terre-mère nourricière qui nous est indispensable et que nous souhaitons tous garder dans son intégrité.

Il existe toutefois un problème particulièrement épineux auquel nous devons faire face aujourd'hui. En effet, les armes tant nucléaires que spatiales sont désormais si destructrices qu'à la suite de leur déploiement contre un « ennemi », le rêve de « s'épanouir sur de vastes terres ensoleillées » n'est plus qu'un mythe utopique alarmant. Au cours d'une guerre qui emploie des armes nucléaires ou des armes spatiales, il n'y a pas de vainqueur. Quel que soit le choix, il suffit à détruire notre planète.

Le largage de bombes nucléaires sur Hiroshima et Nagasaki à la fin de la Deuxième Guerre mondiale allait inévitablement entraîner les grands pays victorieux dans un état d'alerte constant, en attente de la prochaine guerre. Il ne leur est plus possible d'envisager le désarmement comme c'était le cas durant la période insouciante d'avant-guerre. Car, bien sûr, la riposte aurait été aussi subite que massive. Le temps des préparatifs de guerre avant l'impact aurait été de l'ordre de trente minutes tout au plus.

Quant à la population civile, elle aspirait à retrouver une économie de paix et la tranquillité de la vie quotidienne. Les militaires observèrent alors une discrétion absolue, y compris lorsqu'ils entreprenaient des expérimentations mettant en danger l'équilibre terrestre, et cela au nom de la défense nationale.

FOBS

L'Union soviétique décida de réduire le temps d'entrée en guerre de façon encore plus radicale en employant des armes orbitales, connues aux États-Unis sous le nom de Fobs (Fractional Orbit Bombardment System, « Système de bombardement orbital fractionnel »)[111]. Ce système consiste à placer une bombe à hydrogène sur une orbite terrestre basse, afin de pouvoir la larguer rapidement sur une cible au sol, tout en demeurant indétectable par les radars. Ces bombes à hydrogène sont près de mille fois plus puissantes que la bombe atomique d'Hiroshima. Neuf FOBS furent testées secrètement entre le 25 janvier et le 28 octobre 1967. Ils survolèrent nos têtes pendant des années sans que la population civile ne suspecte leur présence. À la fin de la guerre froide, l'Union soviétique comptait dix-huit rampes de lancement de Fobs dans ses arsenaux à Tyuratam. Les citoyens américains et européens, dans l'ignorance de cette réelle menace et du risque qu'ils encouraient, poursuivirent le cours normal de leur vie politique et économique, comme si de rien n'était[112].

Les Fobs incitèrent l'armée américaine à concevoir une plate-forme spatiale correspondante, de haute technologie, « habitée », capable de détruire des objets spatiaux ou des missiles avant

---

111. Le missile R-360 SS-9 Mod 3 SCARP, avec un étage supérieur modifié, était équipé d'une pointe avant orbitale contenant une section pour l'appareillage, un moteur de rétrofusée à propulseur liquide et chambre unique, et une ogive nucléaire. Le missile orbital transportait une ogive d'une à trois mégatonnes, selon les estimations occidentales. Comme il tournait sur une orbite terrestre basse, l'ICBM avait une portée illimitée et pouvait approcher les USA par n'importe quelle direction, évitant les radars de détection américains tournés vers le nord, et par conséquent, sans donner aucune ou pratiquement pas d'alerte. Le véhicule de rentrée atterrissait en moins d'une révolution, d'où l'orbite fractionnelle.

112. Geostationary orbit (GEO) : une orbite géo-synchronisée avec une inclinaison zéro. Pour un observateur au sol, ce satellite apparaîtrait comme un point fixe dans le ciel. James Oberg (juillet 1984), *Pearl Harbor in Space*, Omni Magazine, pp. 42-44., http://www.jamesoberg.com/pearl.html.

qu'ils n'atteignent le territoire national. Cependant, comment était-il possible de promouvoir un concept aussi bizarre et coûteux, sans révéler la menace que représentaient les Fobs ? La solution fut de le qualifier de programme de recherche énergétique permettant de diriger les rayons solaires vers la Terre en l'absence de tout nuage. Il fut ainsi planifié et proposé aux États-Unis pour l'orbite géostationnaire – la plate-forme devait se déplacer sur son orbite en 24 heures et rester par conséquent au-dessus du même point géographique du globe, à un peu moins de 40 000 km au-dessus de la surface terrestre.

Le Congrès américain demanda au ministère de l'Énergie de préparer une évaluation d'impact environnemental, qui devait être achevée pour le mois de juin 1980. Le coût de l'étude à elle seule atteignit 25 millions de dollars, et le montant du projet, y compris la construction de soixante plates-formes orbitales, se situait entre 600 et 800 milliards de dollars. Ce projet devait produire environ 10 % des besoins énergétiques des États-Unis en 2025[113].

Bien que tout ceci fût présenté sous le couvert d'un projet d'énergie solaire, ceux parmi nous qui l'examinèrent pouvaient se rendre compte de ses implications militaires. Nous exprimâmes notre opposition à ce système d'« énergie solaire de haute technologie ». Il fut rejeté par le Congrès, car trop coûteux et bien au-delà des possibilités du budget du ministère de l'Énergie[114].

---

113. Citizen Energy Project Study Brief, sur les satellites à énergie solaire, 1978. Ce commentaire, et d'autres, sur le Projet SPS, furent présentés au gouvernement américain et sont classés quelque part dans les archives nationales des USA. La série de documents de Rosalie Bertell se trouve dans les Archives Bertell, aux Archives nationales du Canada, à Ottawa.

114. L'Initiative de Défense Stratégique (SDI), populairement appelée « guerre des étoiles », fut créée par le président Ronald Reagan, le 23 mars 1983, afin de mettre en service des systèmes basés au sol et dans l'espace devant protéger les États-Unis d'attaques de missiles balistiques nucléaires stratégiques. Cette initiative se concentrait sur la défense stratégique plutôt que sur les armes stratégiques offensives, comme le prônait la doctrine précédente de la destruction mutuellement assurée (MAD). L'Organisation pour l'initiative de défense stratégique (SDIO) fut mise en place en 1984, à l'intérieur du ministère de la Défense des États-Unis, afin de superviser l'Initiative de défense stratégique.

Ce même projet réapparut sous la présidence de Ronald Reagan sous le nom d'Initiative de défense stratégique, plus populairement appelé « guerre des étoiles »[115]. Cette fois, il fit partie du budget, beaucoup plus important, du ministère de la Défense. Il était, de toute évidence, extrêmement difficile de cheminer entre les rouages d'un gouvernement démocratique sans dévoiler au public les dangers d'une situation qui avait provoqué l'élaboration de ce programme. La guerre des étoiles, encore appelée « Bouclier spatial », suscita un différend international, car il lui était reproché, en résumé, d'être fondé sur des données de physique erronées et de faire miroiter une efficacité imaginaire. Ceci nous ramène à James Clark Maxwell et Nikola Tesla, étant donné que les deux principaux pays protagonistes de l'après-Deuxième Guerre mondiale se basèrent sur leurs travaux pour concevoir des armes toujours plus destructrices.

James Clark Maxwell (1831-1879) et Nikola Tesla (1856-1943)
J. Maxwell découvre, dans ce qu'il appelle l'éther ou l'hyperespace, une partie du spectre électromagnétique (EM), au-delà des rayons X, c'est-à-dire les rayons qui ont une longueur d'onde plus courte. Ces ondes très subtiles, presque indiscernables, que l'on appelle « ondes scalaires », ont la taille d'un centième de millionième de cm^2 en longueur et en hauteur (plus petites qu'un nanomètre en longueur d'onde). On peut les manipuler dans divers modes et diverses fréquences. J. Maxwell étudie aussi le mouvement des électrons (les particules d'électricité chargées négativement) et remarque qu'ils créent un « champ » sur leur parcours.

Nikola Tesla est, selon ses dires, un physicien serbe né en Croatie, qui émigra par la suite aux États-Unis et devint citoyen américain en 1891. Il poursuit les travaux de Maxwell, négligés et jugés inutiles par les autres physiciens, essentiellement parce qu'il utilisait le mot « éther », que les scientifiques rejetaient comme n'ayant aucune

---

115. Le système perfectionné de transmission sans fil de N. Tesla, avec quatre circuits accordés, est décrit dans les brevets américains n° 645576 et n° 649621 du 20 mars et du 15 mai 1900. Les applications furent déposées le 2 septembre 1897.

existence réelle. Il apprend à utiliser les ondes scalaires en les envoyant d'un transmetteur à un autre sans utiliser aucun fil[116]. Tesla élargit les découvertes de Maxwell de façon majeure. J. P. Morgan, qui finança les travaux de Tesla, n'avait aucune envie de perdre de l'argent en mettant au rebut son système de distribution électrique par câbles. Et l'idée de puiser de l'énergie pure dans le vide (l'hyperespace), qui serait une énergie libre, ne l'enthousiasma pas plus, étant donné que ni l'énergie libre ni la distribution sans fil ne lui feraient gagner de l'argent.

Le gouvernement américain, lui non plus, ne vit pas d'intérêt à financer ces recherches. Pourtant, lorsque les gouvernements allemand et russe proposèrent chacun à N. Tesla leur coopération, ce dernier refusa[117]. N'ayant plus aucun financement, il poursuivit ses recherches dans le plus profond dénuement, jusqu'à sa mort dans un hôtel new-yorkais en 1943. Après son décès, ses écrits furent envoyés en Yougoslavie communiste où les Soviétiques purent facilement se les procurer.

Peu avant sa mort, Tesla confia les notes de ses recherches à un jeune physicien américain (le lieutenant Thomas Bearden)[118], y compris sa découverte sur l'utilisation de la machine à ondes scalaires pour déclencher des tremblements de Terre ainsi que ledit « rayon de la mort », capable d'abattre des avions en plein vol.

---

116. Idem.

117. En 1937, N. Tesla présenta un projet à la Société Commerciale Amtorg, revendeurs présumés d'armes soviétiques à New York. Deux années plus tard, en 1939, une première étape du projet fut expérimentée en URSS et N. Tesla reçut un chèque d'un montant de 25 000 $.

118. Le lieutenant-colonel à la retraite (de l'armée américaine), Thomas Bearden Ph.D., ingénieur nucléaire, président de CTEC Inc., directeur de l'Association des scientifiques américains éminents et membre émérite de l'Institut d'études supérieures de la Fondation Alpha. Tom est un théoricien conceptualiste actif dans l'étude de l'électromagnétique scalaire, l'électrodynamique de pointe, la théorie du champ unifié, les phénomènes et armes énergétiques du KGB, les systèmes à énergie libre, les thérapies électromagnétiques par l'action du champ unifié de l'électrodynamique prolongée Sachs-Evans, et le développement humain. Il est surtout connu pour les armes électromagnétiques scalaires, les armes énergétiques et l'utilisation du temps-énergie dans les systèmes d'alimentation et dans l'interaction entre le corps et le cerveau.

> Il est possible d'envoyer des rayons concentrés de particules dans l'air libre, d'une énergie tellement incroyable qu'ils peuvent abattre une flotte de 10 000 avions ennemis à une distance de 322 km (200 miles) de la ligne de défense nationale et provoquerait l'anéantissement d'armées entières.[119]

C'est à Nikola Tesla que nous devons la découverte de la technologie du courant électrique alternatif qu'il brevète en 1893 et emploie la même année pour éclairer l'Exposition universelle de Chicago. En 1896, il est utilisé pour la première fois du courant alternatif dans le but d'envoyer de l'énergie hydroélectrique des chutes du Niagara jusqu'à Buffalo, dans l'État de New York, afin d'illuminer la ville. C'est avec l'aide de George Westinghouse qu'il pose les bases du système de distribution électrique utilisé aujourd'hui dans le monde entier. Parmi ses innombrables découvertes, nous pouvons citer : la radio, le radar, les communications par satellite, les disques durs électroniques de nos ordinateurs et les électrothérapies. Aux environs de 1914, N. Tesla prévoit déjà le contrôle électrique du degré hygrométrique de l'atmosphère et il décrit comment l'obtenir en utilisant son transmetteur grossissant ; il prévoit même de contrôler le champ électromagnétique solaire et de modifier ses effets sur la Terre au moyen de transmetteurs scalaires. Il étudie également des méthodes pour transformer la nuit en jour afin de permettre aux bateaux et aux avions de voyager en toute sécurité.

Malgré les tentatives du FBI pour faire disparaître ses travaux, un de ses OVNIs (objet volant non-identifié, dans ce cas, une invention de N. Tesla) s'écrase en Allemagne en 1939. Les ingénieurs allemands parvinrent à pratiquer la rétro-ingénierie et découvrirent les ondes scalaires et la technologie antigravitationnelle, ainsi que le « rayon de la mort » capable de fendre une poutre d'acier de 10 cm d'épaisseur. Tesla expérimenta longuement les harmoniques et, en

---

119. *Beam to Kill Army at 200 Miles, Tesla's Claim on 78th Birthday, New York Times*, 11 juillet 1934.

1898, il construisit un oscillateur à peine plus grand qu'un poing, qu'il relia à une barre d'acier de 65 cm de long et 5 cm d'épaisseur.

> Pendant un temps assez long, rien ne se passa … raconte-t-il, mais, finalement … la grande barre d'acier commença à trembler, trembla de plus en plus fort jusqu'à se dilater et se contracter comme le battement d'un cœur – et elle finit par se rompre ![120]

Il sut utiliser des vibrations harmoniques pour couper de l'acier ! Cet instrument reçut le nom de « rayon de la mort », car il pouvait neutraliser un avion à distance. Dès lors, il apparut fréquemment dans les bandes dessinées et l'émission de télévision *Buck Rodger au 25ᵉ siècle*.[121]

Après la Deuxième Guerre mondiale, les Russes capturèrent les scientifiques nazis spécialistes du radar. Ces derniers aidèrent le KGB à construire les transmetteurs d'ondes scalaires de Tesla, des armes à rayons de particules et une flotte d'ovnis appelés « cosmosphères ». Bien que les militaires américains aient réussi à acquérir des connaissances sur la technologie des fusées de la part des scientifiques allemands qu'ils avaient aussi capturés, ils avaient alors une vingtaine d'années de retard dans la compréhension des ondes scalaires. Cependant, en 1990, grâce à la technologie de Tesla, ils commencèrent à construire le gigantesque système de réchauffement ionosphérique appelé Haarp, à Gakona, en Alaska.

---

120. *My Inventions*, de Nikola Tesla, publié dans *The Electrical Experimenter*, février-juin 1919. Réimprimé et édité par Ben Johnson, New York, Barnes & Noble, 1982.
121. *Buck Rogers in the 25th Century* est une série télévisée de science-fiction américaine produite par les Studios Universal. Cette série a été programmée pendant deux saisons, entre 1979 et 1981.

Les dispositifs de réchauffement ionosphérique : Haarp et le Pivert

L'un des produits des recherches de Tesla, la technologie de réchauffement de l'ionosphère, est ce qu'on appelle « le Pivert russe », qui pouvait vraisemblablement provoquer des tremblements de terre. Dans les années 1970, au cours d'une coopération inattendue avec les Soviétiques, les États-Unis leur offrirent un aimant géant qui participa finalement au développement de leur projet Pivert. En 1974, suite aux accords de Vladivostok, les deux pays convinrent conjointement de faire fondre la calotte glaciaire de l'Arctique[122]. Il ne s'agit pas d'un traité binational enregistré par les Nations Unies, c'est pourquoi les termes de l'accord ne furent jamais mis à la disposition de ceux qui s'alarmèrent de la vitesse à laquelle la neige et la banquise de l'Arctique disparaissaient, et, par voie de conséquence, la situation alarmante dans laquelle se trouvaient les ours polaires. Pour le public, cette fonte des glaces arctiques devint un puissant et menaçant signal du changement climatique, à tel point qu'aux États-Unis, les médias furent priés de ne plus faire mention des ours polaires. En raison du secret imposé par l'armée, les citoyens induits en erreur se mirent à croire que le contrôle des émissions industrielles de CO_2 pourrait rendre au pôle arctique son aspect serein d'autrefois.

Le Pivert soviétique, semblable au système Haarp américain développé par la suite, était un dispositif Tesla situé en Ukraine, à l'intérieur du périmètre qui devint plus tard zone interdite après la catastrophe du réacteur de Tchernobyl de 1986 – ce même réacteur qui alimentait le Pivert en énergie. D'après Tom Bearden, une simple panne électronique du Pivert (ou de Haarp) peut se révéler catastrophique pour sa source d'énergie, en l'occurrence le réacteur de Tchernobyl. En envoyant une onde scalaire inverse à l'encontre de l'onde du Pivert que l'on observait aux États-Unis, le Pivert explosa, faisant exploser à son tour le réacteur de Tchernobyl, sa source d'énergie[123].

---

122. Lowell Ponte, *The Cooling*, Prentice-Hall Inc. Cambridge, MA 1976.
123. Thomas Bearden, *Fer de Lance: A briefing on Soviet Scalar Electromagnetic Weapons*, Cheniere Press, Santa Barbara, Californie, 1986, mise à jour en 2002,

La même sorte d'onde scalaire inverse pourrait très bien interférer dans le système d'énergie scalaire qui contrôle les systèmes de retour d'information entre le Soleil et la Terre, le Soleil et la Lune, la Terre et la Lune. En outre :

> Si par inadvertance, le système d'échange Terre-Soleil, par radiations scalaires en boucle fermée, se trouvait « tordu » dans la boucle de retour de la Terre au Soleil, de façon à stimuler une importante résonance scalaire, [...] le Soleil pourrait émettre un « renvoi » suffisamment puissant qui balaierait simplement le moindre signe de vie de la surface de la Terre, dans un déluge de feu[124].

> La résonance des systèmes Soleil-Terre, Soleil-Lune et Terre-Lune est particulièrement sensible.[125]

Le Pivert d'origine fut abandonné en 1989 et son réseau titanesque de tours de transmission est toujours visible à proximité du réacteur nucléaire détruit.

Le dispositif de réchauffement ionosphérique soviétique fut baptisé Pivert par les observateurs américains qui détectaient ses impulsions sonores caractéristiques, semblables au bruit d'un pivert frappant un tronc de son bec. On pouvait détecter localement les influences météorologiques de Haarp ou du Pivert, en observant les nuages qui prenaient la forme des rayons d'une roue de bicyclette, ou du faisceau d'un éventail, et que l'on appelle « cirrus radiatus ». On remarquait également des interruptions de courant anormales dans les circuits électriques, et l'apparition de taches blanches

---

pp 129-134. D'après Bearden, les Soviétiques étaient sur le point de déclencher un important séisme tout au long de la faille de San Andreas, qui aurait détruit toute la côte ouest des États-Unis. Un groupe de scientifiques américains identifia l'attaque et répliqua en renvoyant une impulsion conjuguée géante dans le transformateur soviétique – calcinant le transformateur et détruisant en même temps sa source d'énergie, le réacteur de Tchernobyl.
124. Ibid Bearden p. 301.
125. Ibid. Bearden p. 210.

inhabituelles sur les écrans de télévision. Elles persistaient pendant environ deux minutes, puis réapparaissaient par intervalles pouvant aller de trois jusqu'à dix minutes, et finalement l'ensemble devenait sombre. Parmi d'autres anomalies, nous pouvions entendre des claquements ou bien des sons ressemblant à un fredonnement ou un bruissement qui s'élevaient des fils électriques dans les murs, une forte odeur d'ozone, des ampoules électriques qui se mettaient à danser, des cafetières qui bourdonnaient, etc., tous ces phénomènes se produisant parfois avant que le courant ne tombe en panne. Il arrivait que les lumières se mettent à clignoter puis s'assombrissent, prennent une faible couleur orange et brutalement retrouvent un éclat vif, avant de s'éteindre. Certaines personnes disent avoir vu une lueur verte dans le ciel nocturne ou une déviation brutale du jet stream qui apportaient un courant de vent froid du nord. D'autres ont entendu des boums inhabituels dans l'air ou disent-ils, des « tremblements de l'air ». D'autres signes sont rapportés dans l'annexe 1, de l'édition de 1986 de *Fer de Lance* de Bearden (cette annexe est de nouveau publiée dans l'édition de 2002).

Manipulation du spectre électromagnétique

En fait, ce ne sont que quelques parties du spectre électromagnétique émanant de notre Soleil, qui atteignent la Terre. Les ondes électromagnétiques qui atteignent naturellement la Terre sont les suivantes : les ondes radio à basse fréquence, (qui sont également celles que le cerveau et le système nerveux central du corps humain utilisent), des micro-ondes de plus faible énergie et la partie du spectre que nos yeux peuvent capter et qui correspond à la lumière visible pour un humain. Les couches protectrices de l'atmosphère terrestre ont, par le passé, constitué un écran efficace contre la plus grande partie du spectre, c'est-à-dire les des micro-ondes, les infra-rouges, les ultra-violets et les rayons X.

Dès les années 1980, la couche protectrice d'ozone et les ceintures de Van Allen avaient été endommagées par les vols d'avions supersoniques, les gaz d'échappement des fusées et les expérimentations militaires, ce qui permettait à certaines radiations électromagnétiques habituellement refoulées d'atteindre la Terre. Ces dernières années, les physiciens, par différentes méthodes, rendirent accessible la totalité du spectre des radiations électromagnétiques, ce qui permit de les utiliser pour les instruments électroniques, les téléphones portables, ou encore les zones wifi. La Terre aujourd'hui est polluée dans la totalité du spectre électromagnétique, d'une part par les activités militaires, et d'autre part par les appareils de high tech.

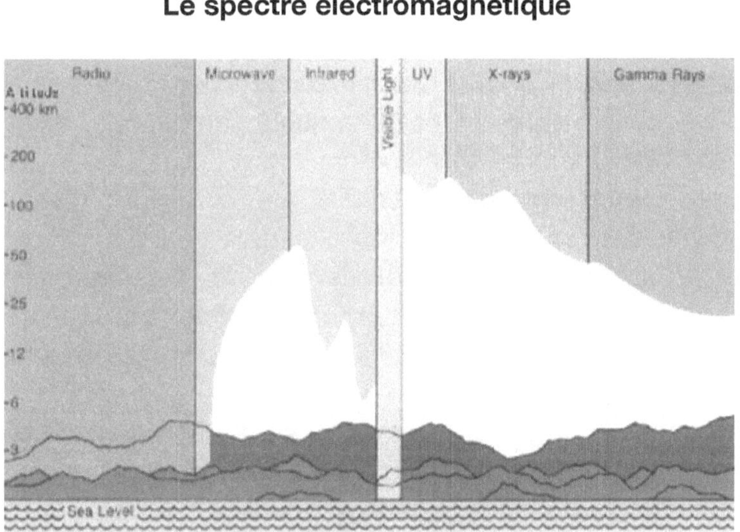

L'illustration verticale des différentes zones du spectre des rayons EM et de leurs utilisations courantes a été réalisée par Design at Work pour le supplément au programme d'études *Physiologie Humaine dans l'Espace* par Barbara F. Lujan et Ronald J. White, 1994. Utilisée avec permission.

Elle montre de quelle manière la Terre jusqu'en sa surface, se retrouve exposée, depuis ces dernières années, à l'ensemble du spectre du rayonnement cosmique, tandis que notre atmosphère nous protégeait naturellement des rayonnements dangereux jusqu'à présent – ce qui est en blanc et en noir sur le schéma représente ce qui a été artificiellement ajouté.

Tous atomes et molécules atteignant des températures au-dessus du zéro absolu rayonnent et absorbent les ondes électromagnétiques à des fréquences spécifiques déterminées par les détails de leur structure interne. En physique quantique, ce rayonnement est souvent décrit comme étant dû à des particules appelées « photons » plutôt qu'à des ondes (les photons sont chargés en énergie et en mouvement constant soit par ondes linéaires, soit par ondes stationnaires quand leur mouvement est limité spatialement, comme cela est le cas à l'intérieur de l'orbite d'un atome ou d'une molécule). Tous les photons EM sur terre, d'une charge électrique normale, se déplacent à la vitesse de la lumière, soit 300 000 km/s.

Les ondes individuelles sont caractérisées par la distance linéaire entre le pic des ondes (la longueur d'onde, que l'on appelle habituellement lambda), et le nombre de cycles qu'elles produisent par seconde (exprimé en Hertz). Le nombre d'Hertz (nombre de cycles par secondes), multiplié par lambda (la longueur d'onde), donne la vitesse qui, nous l'avons déjà dit, est une constante, et correspond à la vitesse de la lumière. Par conséquent, c'est uniquement la longueur d'onde, ou le nombre d'Hertz, qui détermine chaque onde EM.

Étant donné qu'une onde ne peut pas avoir une fréquence inférieure à zéro, le spectre EM est limité à zéro à l'extrémité inférieure des ondes radio. En théorie, il n'existe pas de limite supérieure, bien que pour des raisons pratiques, la limite supérieure est ce qu'on appelle la limite « dure » (la plus courte longueur d'onde) des rayons X, utilisée davantage pour des usages industriels. Les rayons X « soft », plus proches du spectre ultraviolet, sont utilisés en médecine. Les rayons gamma sont produits au cours de la fission nucléaire, par la réorganisation des protons et des neutrons dans le noyau de l'atome. L'armée utilise toutes les fréquences, ainsi que les fréquences scalaires au-delà des rayons X, dans ce qu'on appelle l'hyperespace.

Le rayonnement électromagnétique permet d'observer des objets à distance. Par exemple, il est possible de détecter et cartographier les autres galaxies de l'espace grâce aux ondes électromagnétiques qu'elles irradient ou réfléchissent. La même technologie est utilisée pour les lunettes de vision nocturne qui permettent de voir la nuit des objets vivants grâce à leur rayonnement. Nous pouvons également modifier de différentes façons des objets à distance, en les irradiant d'ondes électromagnétiques appropriées. Les essais de contrôle des masses par l'utilisation des ondes de 10 Hz, ondes qui régissent normalement les fonctions de notre cerveau, en sont un exemple, de même que les récepteurs d'ondes radio et télévisées transmises par l'air. Ces faits témoignent de la manipulation des ondes électromagnétiques de différentes fréquences comme étant fondamentale dans de nombreux secteurs de la technologie et des sciences, y compris les communications radio, les radars, les détecteurs infrarouges, la télévision, l'imagerie de la lumière visible, les rayons lasers, les rayons X, l'astronomie, et bien d'autres choses. Nous pouvons utiliser les ondes scalaires focalisées pour abattre des avions ou envoyer des ondes pulsées sur des harmoniques terrestres précises afin de déclencher des séismes, ou même, par une action encore plus violente sur le noyau liquide terrestre, faire surgir des volcans. Il existe des interactions entre les tremblements de terre et les volcans. Un séisme peut ouvrir de profondes fentes dans la terre par lesquelles la lave va s'échapper. Dans d'autres cas, les tensions qui génèrent une activité volcanique peuvent aussi causer un séisme.

Tesla pensait que ses inventions apporteraient la paix

À la fin de sa vie, Tesla parlait avec passion d'armes en forme de boules de feu capables de détruire des armées entières, de milliers d'avions à des centaines de kilomètres de distance, et d'un bouclier qui fournirait un mur de défense impénétrable, rendant ainsi la guerre obsolète. Il désirait apparemment que l'électricité libre soit à la disposition de tous et il prenait plaisir à inventer des machines de guerre si terribles qu'elles conduiraient les gens à choisir la paix. Malheureusement, ses découvertes ne sont connues que d'un cercle restreint de privilégiés qui pour la plupart ne partagent pas ses rêves. Il était aussi conscient du penchant de notre société à utiliser la force physique et la violence pour résoudre les conflits, et il parlait du peu d'égards portés aux femmes dans une société aussi machiste.

En 1926, Tesla exprima son opinion sur les maux causés par l'assujettissement des femmes et parla de leur lutte pour l'égalité des sexes. D'après lui, le futur de l'humanité serait entre les mains des « reines des abeilles ». Il croyait que les femmes deviendraient le sexe dominant dans l'avenir et que nous allions vivre une période de transition vers la non-violence[126].

Utilisations militaires des radiations EM

Les systèmes de communication élaborés, les super-ordinateurs, les procédés d'écoute et les radars de surveillance, tous ces moyens furent élaborés par la majeure partie des guerriers de ce monde. Les ordinateurs civils ne représentent qu'une infime partie de cet ensemble électronique interactif et extraordinairement complexe qui s'est développé au service de la guerre. Cependant, et cela n'a rien de surprenant, les hommes sont faillibles, des erreurs se glissent dans la haute technologie de leurs instruments et à certains moments cruciaux, ces systèmes peuvent s'avérer incapables de fournir l'information nécessaire ou de fonctionner comme espéré.

L'un des mystères les plus durables des temps modernes est la chute en plein vol du TWA 800, un avion de ligne qui venait de décoller de New York le 17 juillet 1996 et se dirigeait vers Paris. On peut trouver une explication fort plausible à ce désastre qui coûta la vie de deux cent douze passagers et des dix-huit membres d'équipage, dans un livre écrit par James Sanders, et dans lequel il prétend que l'avion fut abattu par un missile télécommandé, au cours d'une expérimentation de la marine américaine[127]. Toutefois, après

---

126. Kennedy, John B., *When woman is boss, An interview with Nikola Tesla*, Colliers, 30 janvier 1926.
127. James Sanders, *The Downing of TWA 800: the Shocking Truth Behind the Worst Airline Disaster in U.S. History*, Zebra Books, Kensington Publishing Corp., New York, NY 1997.

une année d'investigation, l'Administration fédérale de l'aviation (FAA) déclara officiellement qu'une étincelle avait enflammé les vapeurs d'essence dans un réservoir central de kérosène presque vide. L'origine de l'étincelle ne fut jamais élucidée, de plus il n'existe aucun fil électrique à proximité du réservoir central de kérosène sur ce Boeing 747. Des années de vol avec des réservoirs de carburant vides n'avaient jamais jusqu'alors provoqué d'explosion. Le mystère semble trouver ici son point final, et les deux scénarios purent se produire simultanément, mais il en existe un troisième.

Le lieutenant-colonel Thomas Bearden, Ph.D. (titulaire d'un doctorat) et retraité de l'armée américaine, prétend que les États-Unis sont, par deux fois, passés tout près d'une « destruction énergétique » en 1997, et que le désastre du vol TWA 800 était un test préliminaire afin de s'assurer si les USA étaient ou non au fait de la technologie utilisée pour abattre un avion. Ils ne l'étaient pas ![128]

Shoko Asahara, leader de la secte Aum au Japon (connue pour son attentat au gaz sarin dans le métro de Tokyo le 20 mars 1995), étudia les ondes scalaires en Russie et, à son retour au Japon, fit savoir à ses partisans que les USA dévasteraient le Japon d'un coup fatal, fin 1997. Il estimait que le Japon devait frapper les États-Unis à titre préventif à l'aide d'armes de destruction massive (l'anthrax, le botulisme, etc. ou des armes chimiques). Il est dit qu'il planifia le crash du TWA 800 pour démontrer l'avancement des études qu'il avait poursuivies en Russie et l'ignorance dans laquelle se trouvaient les USA concernant cette science. Asahara aurait voulu venger le Japon de la défaite que les États-Unis lui avaient infligée et des deux attaques à la bombe atomique sur Hiroshima et Nagasaki.[129]

Plus de vingt témoins oculaires du crash du vol TWA 800 virent un éclair électromagnétique, irradiant une couleur orange contre les nuages du soir, suivi d'un deuxième éclair plus important, frapper l'avion avant qu'il ne tombe. La plupart pensèrent qu'il s'agissait

---

128. Ibid. Bearden p. 99.
129. Ibid. Bearden p. 21.

d'une sorte de missile portatif. Il se peut que le deuxième coup ait provoqué une réaction électromagnétique avec le métal de l'appareil, allumant une étincelle qui enflamma les vapeurs d'essence du réservoir central de carburant, qui était vide. De semblables « mises à mort » se sont déjà produites auparavant : l'Arrow DC-8 à Gander, Terre-Neuve (1985), probablement l'avion espion U-2 au-dessus de la Russie, le 7 août 1996, et le crash du C-130, le 22 novembre 1996.[130]

L'arme utilisée est connue comme arme Tesla de type Potentiel quantique (QP). Le KGB la possédait, mais pas les militaires russes, et, apparemment, la Russie la partageait avec le Japon. L'attaque destructrice majeure contre les USA qui devait s'ensuivre fut, d'après Tom Bearden, évitée in extremis grâce à l'intervention de Tom, des agences américaines et à celle d'une troisième nation anonyme (probablement Israël)[131].

Les Russes avaient développé un procédé d'ingénierie inverse, qui intégrait la causalité dans une quatrième dimension, nommément le temps. Prenons un exemple simple : comment serait-il possible de faire disparaître un avion du ciel instantanément ? De toute évidence, l'avion tomberait s'il explosait. Quelles sont les conditions potentielles pour que se produise une explosion ? Les réservoirs de carburant pourraient être un de ces risques potentiels et une étincelle dans un réservoir vide contenant des vapeurs d'essence pourrait être une cause. Ils savaient aussi que du métal placé dans un four à micro-ondes provoque normalement une étincelle, donc si deux faisceaux micro-ondes pouvaient atteindre le couvercle métallique du réservoir pendant le vol, produisant ainsi une étincelle, le carburant ou les vapeurs d'essence exploseraient et « descendraient » l'avion. Mais comment peut-on parvenir à diriger des micro-ondes sur le réservoir de carburant ? Pour cela, il fallait utiliser des armes à faisceaux micro-ondes.

---

130. Ibid. Bearden p. 123.
131. Ibid. Bearden p. 51.

À vrai dire, il existe de nombreux moyens de faire exploser un avion en plein vol. Il est par conséquent difficile, après coup, de remonter l'enchaînement des faits pour en déduire la cause première, sans disposer de preuves supplémentaires.

Dans ce simple exemple, la « mise à mort » de l'avion et de ses deux cent douze passagers et dix-huit membres d'équipage était « l'effet désiré » de la secte Aum. « L'étincelle » est la « cause intermédiaire », et ce qui est nécessaire pour rendre les faisceaux de micro-ondes prêts à la provoquer au bon endroit, au bon moment, est le projet d'ingénierie. Elle crée des engins et des systèmes de robots indétectables (que les militaires appellent « CSR's », « Casual System Robot ») pour préparer l'état de cause première. Les CSR peuvent se déplacer à la vitesse de la lumière[132]. Tout usage des ondes EM, conçu à des fins militaires, désigne des armes à Potentiel quantique (armes QP).

Les armes à potentiel quantique du Brésil

D'après Bearden, un scientifique allemand, le Dr Hellman, capturé avec l'équipe allemande spécialiste des radars, fut amené en Russie à la fin de la Deuxième Guerre mondiale. Après un certain nombre d'années passées en Union soviétique, il fut rapatrié en Allemagne, puis engagé par le Brésil. Par la suite, il déclara dans une interview avoir aidé les Soviétiques à développer des armes EM secrètes capables de soudainement transformer en glace de vastes zones à la surface de l'océan. Ces armes utilisaient l'énergie EM négative (convergente) plutôt que l'énergie EM positive (divergente). Le Brésil développa ensuite un programme d'armes EM. La question est de savoir si ces armes peuvent tuer des hommes en les congelant ou en les surchauffant au moyen de tels rayons.

David Bohm, un physicien américain frappé d'ostracisme durant la chasse aux sorcières du maccarthysme, publia des études sur les variables cachées des mécaniques quantiques et donna des conférences au Brésil sur ce sujet. Ces travaux furent immédiatement

---

132. Ibid. Bearden p. 26-27.

interprétés par les scientifiques EM russes et brésiliens comme permettant la conception de nouvelles armes EM potentielles.[133]

Bien que les Russes progressèrent et acquirent des compétences extraordinaires en ce qui concerne les nouvelles armes scalaires, et se vantèrent parfois ouvertement de leurs « super armes », les Occidentaux considéraient toutes ces fanfaronnades comme de la pure propagande. Étant donné que les physiciens américains ne parvenaient pas à saisir toutes les possibilités qu'offrait cette nouvelle science, le KGB pouvait se permettre périodiquement de provoquer ce qui apparaissait comme des catastrophes naturelles, dans la plus parfaite impunité. De toute évidence, une technologie suffisamment avancée se démarque difficilement du domaine de la magie, et peut être classée dans la catégorie des « faits inexpliqués ».

La science des ondes scalaires prit le nom de science de « l'énergétique ». Lorsqu'elle concerne les objets inertes, on parle de « l'énergétique », lorsqu'il s'agit d'organismes vivants, on parle de « bioénergétique » et pour les êtres pensants (conscients ou inconscients) de « psycho énergétique ». En théorie, tout effet physique connu peut avoir des applications pratiques dès qu'il est possible d'utiliser l'ensemble des courbures de l'espace-temps. Cependant, dans l'actuel espace-temps, chaque action nécessite d'être transformée, et le processus n'est pas toujours des plus faciles.

Les Occidentaux concentrèrent leur recherche sur l'énergie spatiale, tandis que les Russes inclurent l'énergie temporelle ; par exemple, les activités cérébrales sont davantage liées au temps qu'à l'espace. La pensée utilise les ondes d'énergie scalaires, alors qu'une activité physique normale se déroule dans un espace en trois dimensions et se sert de l'énergie spatiale. Ne soyez pas surpris si vous vous sentez un peu perdu – il s'agit d'un concept complètement nouveau en Occident. Il devient toutefois urgent pour les physiciens américains de se réveiller afin de rattraper leur retard.

---

133. Ibid. Bearden p. 52-53.

Le futur : perturber le noyau terrestre

Les expérimentations impliquant les ondes harmoniques soulèvent des inquiétudes concernant l'équilibre magnétique entre le noyau terrestre et la couche magnétique (la magnétosphère) qui l'entoure dans la partie supérieure de l'atmosphère terrestre. Dans une interview, Nikola Tesla déclara qu'il serait possible de scinder la planète en deux en combinant certaines vibrations avec la résonance de la Terre elle-même :

> En l'espace de quelques semaines, je pus mettre l'écorce terrestre dans un état vibratoire tel qu'elle se soulevait et retombait de plusieurs centaines de mètres, jetant les rivières hors de leur lit, faisant écrouler les bâtiments et causant la disparition presque totale de la civilisation.[134]

Certains pensaient qu'il s'agissait là de pure vantardise ou des bravades d'un scientifique laissé-pour-compte. Cependant, le *New York American*, qui ne possède pas la réputation de propager de fausses rumeurs, rapporta :

> Les expérimentations (de Tesla) sur la transmission de vibrations mécaniques à travers la Terre – ce qu'il appelle « l'art de la télé géodynamique », ont été grossièrement décrites par le scientifique lui-même comme une sorte de « séisme contrôlé ». Il déclara : « Les vibrations rythmiques traversent la Terre en ne perdant pratiquement aucune énergie. Il devient dès lors possible de transmettre des effets mécaniques aux distances terrestres les plus éloignées et de produire toutes sortes d'effets exceptionnels. On pourrait utiliser cette invention afin d'obtenir des effets destructeurs au cours d'une guerre »... [135]

---

134. *The World Today*, février 1912.
135. L'article *Tesla's Controlled Earthquakes*, 11 juillet 1935, *New York American*. Le *New York American* était le journal *New York City Morning* de 1895 à 1937, publié par William Randolf Hearst. (Le mot *American* fut ajouté en 1901).

Cette possibilité fut confirmée très sérieusement par l'un des brevets fondamentaux dans le cadre de la création du complexe américain Haarp :

> Le champ magnétique terrestre pourrait être affaibli ou interrompu à des altitudes appropriées afin de modifier ou d'éliminer ce champ magnétique.[136]

Il se peut toutefois, et c'est l'une des éventualités redoutées, que ces expérimentations sur le champ magnétique terrestre n'entraînent l'inversion des pôles magnétiques nord et sud. En étudiant le magnétisme des roches de différentes périodes de notre histoire, nous nous sommes rendu compte que les pôles magnétiques nord et sud ont inversé leur position des milliers de fois par le passé, de façon aléatoire semble-t-il. Pourtant, aucune espèce majeure à notre connaissance, n'a été balayée et cela n'a pas affecté l'histoire de l'*homo erectus*, pour autant que nous le sachions. Cependant, il ne faudrait pas prendre un tel changement à la légère par rapport à son impact potentiel sur l'agriculture, notre culture et notre capacité à prévoir les phénomènes naturels. Le dernier basculement des pôles terrestres est le renversement Brunhes-Matuyama, il y a approximativement 780 000 ans.[137]

Si nous gardons en tête le fait que le bouclier magnétique terrestre, les ceintures de Van Allen, a été endommagé par les explosions thermonucléaires massives, une telle inversion des pôles, suite à des altérations supplémentaires, n'est pas invraisemblable. Notre soleil connaît lui aussi des renversements polaires tous les sept à quinze ans.[138]

Il existe, comme nous l'avons déjà mentionné, des systèmes

---

136. Brevet Eastlund, 1987, utilisé pour la conception de base du dispositif Haarp américain à Gakona, en Alaska.

137. Voir Johnson, Kimberly, *Magnetic field weakening in stages, old ship's logs suggest*, National Geographic News, 11 mai 2006.

138. https://fr.wikipedia.org/wiki/Inversion_du_champ_magnétique_terrestre. Le Soleil, quant à lui, effectua sa dernière inversion des pôles en 2014.

harmoniques opérationnels qui régissent les interactions entre le Soleil et la Terre, la Terre et la Lune, le Soleil et la Lune. Par exemple, l'action de la Lune affecte les marées, les océans et les plaques tectoniques. Si une onde pulsée interrompait ce système harmonique, cela pourrait déclencher un séisme catastrophique, un raz-de-marée gigantesque et bouleverser les courants océaniques. Le champ magnétique terrestre maintient l'équilibre entre notre planète, la Lune et le Soleil. Interrompre cet équilibre pourrait être la goutte d'eau qui projetterait la Terre sur le Soleil ou dans l'espace.

Dans certaines circonstances, il est possible de créer une onde stationnaire qui induit des phénomènes encore plus étranges : la cohérence de l'onde stationnaire se forme dans le cœur en fusion de la Terre elle-même, et une toute petite fraction des énormes courants électromagnétiques qui déferlent du cœur en fusion se nourrit de lui et accroît l'onde stationnaire induite.[139]

> Jusqu'à maintenant, nous avons établi une sorte de lampe triode géante : le signal déclencheur que l'on introduit dans la Terre est le signal du réseau, et l'immense énergie du cœur terrestre en fusion, est la cathode et la source d'énergie. La cohérence établie sert de facteur amplificateur pour le signal du réseau, et la quantité d'énergie maintenant présente dans l'onde stationnaire est beaucoup plus grande que la toute petite quantité d'énergie provenant de la surface terrestre. Des techniques employant un interféromètre peuvent combiner de multiples ondes à « résonance géante » de ce type pour créer un « faisceau » ou un effet de focalisation d'une très grande énergie, à l'intérieur de la Terre.
> Selon la fréquence, la focalisation, la forme d'onde, etc. nous pouvons [...] induire divers effets tels que des séismes déclenchés à distance en un point ciblé, des modifications violentes de l'atmosphère moyenne et supérieure au-dessus

---

139. Johnson, Kimberly, *Earth's Core, Magnetic Field Changing Fast, National Geographic News*, 30 juin 2008, à partir d'une étude des géophysiciens du Centre spatial national danois, de Copenhague.

d'une zone visée [...] et des anomalies météorologiques imprévues. C'est ce qu'on appelle l'effet Tesla.[140]

Aujourd'hui des transmetteurs puissants interfèrent, outrepassent, effacent le champ magnétique naturel de la Terre. Pour la première fois dans l'histoire de l'humanité, des vibrations VLF (Very Low Frequency) et ELF (Extremely Low Frequency) artificielles en nombre toujours croissant perturbent les systèmes électromagnétiques terrestres naturels, externes et internes, qui permettent de maintenir la rotation, l'équilibre et la stabilité de notre planète. L'oscillation terrestre découverte récemment[141] et les brusques ralentissements du mouvement de rotation,[142] [143] ne sont peut-être que le début de problèmes beaucoup plus sérieux.

Les effets combinés de ces énormes transmetteurs, y compris le Pivert russe et le système Haarp (le plus récent et en voie d'expansion), ajoutés à tous les autres systèmes VLF et ELF (tels que ceux dans le Michigan) et les tours GWEN[144], constituent un véritable danger. S'ils entrent en action simultanément au moment où se produisent des orages géomagnétiques, ils représentent alors une lourde menace pour la survie de la planète entière.

---

140. *Specula,* journal de l'American Association of Meta Science, janvier 1978.

141. 15 juillet 1988, le *Wall Street Journal* rapporte que des scientifiques de l'US Naval Observatory et du Jet Propulsion Laboratory ont constaté que « la Terre, comme une machine à laver déséquilibrée, oscille quand elle tourne ».

142. Le 13 décembre 1984, le *Washington Post* signala que la terre avait subi un ralentissement soudain, inexpliqué dans sa rotation. La compensation normale pour ce ralentissement, en l'occurrence une seconde intercalaire ajoutée sur les horloges atomiques, par l'US Naval Observatory, n'était pas nécessaire.

143. Le 9 août 1991, le *New York Times* décrivit les causes de ces changements soudains et inattendus dans la rotation de la terre : « Les variations irrégulières de la rotation sont dues aux fluctuations de l'écoulement du fluide dans le noyau métallique sous-jacent, à l'hydrosphère superposée (l'atmosphère inférieure) et aux mouvements des plaques près de la croûte terrestre », l'ensemble étant influencé par les vibrations ELF.

144. Le système GWEN (Ground Wave Emergency Network), ou Réseau d'Urgence par Onde de Sol, offre des connections de survie aux bases de pétroliers et de bombardiers américaines désignées.

Le bouclier Tesla

> Nous possédons une nouvelle arme, à peine sortie des porte-documents de nos chercheurs, si je puis dire, et qui est si puissante que si nous l'utilisions sans retenue, elle pourrait balayer toute vie de la surface de la Terre. C'est une arme fantastique !
>
> Allocution de Khrouchtchev au Praesidium, janvier 1960.

Les analystes occidentaux ne prirent pas au sérieux cette affirmation, la considérant comme une bravade. Pourtant, des appareils conçus par Tesla ont la capacité de détruire toute l'électronique et le rayonnement ionisant de n'importe quel objet qu'ils touchent ou engloutissent.

Le bouclier Tesla protégeant un objectif consiste en une série de « cosmosphères » concentriques – (soit des hémisphères, soit des sphères). Chacune doit produire une énergie pulsée électromagnétique multiple et provoquer le réchauffement intense de tout ce qui la pénètre, détruisant tout système électronique. Testa affirmait qu'il serait même possible de fabriquer un bouclier EM pour stopper la désintégration causée par un rayonnement nucléaire, car cette désintégration provient de l'action réciproque entre le noyau et un rayonnement spécial émanant dans tout l'univers. Il en découle que ces boucliers Tesla concentriques peuvent aussi assainir et stériliser tout rayonnement gamma résultant de l'explosion d'une ogive nucléaire, et le réduire à des ondes radio inoffensives. Il semble que cela implique le ralentissement du champ d'énergie atomique du radionucléide, qui fonctionne normalement en-dessous de la vitesse de la lumière. Ce processus donne naissance à des atomes particulièrement anormaux aux conséquences physiques inconnues. D'un autre côté, si le bouclier est une sphère, les débris quittant la sphère devraient être désintégrés.[145]

---

145. *The Universal Seduction: Piercing the veils of Deception*, Volume 3, chapitre 3, *Scalar Weapons – Read it and Weep*, de Christi verismo: p 531.

La difficulté, rarement mentionnée, que présente le bouclier Tesla est que tout ce qui espère être « protégé » à l'intérieur du bouclier serait mort en réalité. Je ne pense pas qu'une nation utiliserait ce procédé pour se protéger, protéger ses villes et ses stocks d'armes !

Les coquilles Tesla peuvent mesurer plusieurs kilomètres de diamètre à la base. L'énorme quantité d'énergie que nécessite la formation de ces coquilles de défense est obtenue au moyen d'une « prise de courant » branchée sur le cœur en fusion de la Terre elle-même. Nous avons estimé qu'en 1985, vingt-sept « prises de courant » de cet ordre furent branchées dans la Terre par les Soviétiques. Si chaque prise peut alimenter quatre à six armes EM scalaires de grande taille, l'arsenal soviétique d'armes scalaires stratégiques se monte alors à plus de cent super-armes monstrueuses, capables de générer des explosions exothermiques (consommant la chaleur) et endothermiques (dégageant de la chaleur), de manipuler la météorologie, de localiser et de détruire des sous-marins en plongée, de détecter et de détruire des bombardiers stratégiques de longue portée une fois en vol.[146]

Les Russes, selon certaines informations, établirent un quadrillage sur la totalité de la sphère terrestre. Cette grille peut détecter un missile entrant et peut envoyer une cosmosphère sur un point de la grille qui interceptera et détruira le missile.

Ces immenses sphères constituées d'énergie électromagnétique sont transparentes. La nuit, il est possible de voir les étoiles à travers elles. Nous ne savons pas exactement si cette technologie est actuellement aux mains du gouvernement russe et/ou en possession d'individus sans scrupules. Elle fut, semble-t-il, développée par le KGB.

Le *London Sunday Times* du 17 août 1980 contient des informations et un croquis concernant de très grands globes Tesla, dont les essais furent observés au fin fond de l'Union soviétique. Le diamètre

---

146. Walker, Daniel A., Charles McCreery et Fermin J. Oliveira, *Kaitoku Seamount and the Mysterious Cloud of April 1984*, Science, Vol 227, 8 février 1985, pp. 607-611 ; également McKenna, Daniel M., et Daniel A. Walker, *Mystery Cloud : Additional Observations*, Science, Vol. 234, 24 octobre 1986, pp. 412-413.

des objets dépassait largement 160 km. Le caméraman britannique Nick Downie put également faire de semblables observations en Afghanistan, où les Soviétiques étaient en guerre. Downie parvint à observer le même événement à plusieurs reprises en septembre 1979.

Deux avions de ligne, les vols 403 et 421 de la compagnie Japan Airlines, rapportèrent eux aussi avoir observé un vaste globe de lumière brillante, stationnant juste au-delà de l'horizon et qui s'étendait bien au-dessus. Les avions se trouvaient alors approximativement à une latitude de 42° nord et une longitude de 153° est. L'événement observé se situait donc à 1 120 km de Kushiro, ville de 200 000 habitants sur l'île d'Hokkaido. Les pilotes estimèrent que le diamètre de la sphère mesurait entre 18 et 27 km. Selon la distance qui séparait les avions de la sphère, il est possible que cette dernière ait été d'une taille encore plus considérable.[147]

D'autres observations semblables furent rapportées par des pilotes de ligne survolant ces eaux et les océans. Par exemple, le 22 juin 1976 en Atlantique nord, aux environs de 21 h 13 / 21 h 40. De nouveau, cette fois le 10 septembre 1976, le vol 831 de la British European Airways entre Moscou et Londres, volant alors au-dessus de la Lituanie, observa une boule de lumière intense au-dessus des nuages, en-dessous de l'avion. La lumière était si puissante qu'elle éclairait la totalité du ciel à l'entour.[148]

Autres phénomènes

Le *Kansas City Star* rapporta que les chercheurs du dispositif Haarp, de l'Institut de géophysique de l'université d'Alaska, observèrent « des éclats de lumière mystérieux qui flashaient du sommet des nuages d'orage, dans l'atmosphère supérieure (...) au-dessus du Middle West pendant les inondations d'été. »[149] Ces phénomènes

---

147. *Asahi Evening News*, Tokyo, 22 juin 1982.
148. People Allied to Replace Injustice and Cruelty with Knowledge Crusade Organization (Organisation de la Croisade des Peuples Alliés pour remplacer l'Injustice et la Cruauté par le Savoir) ; https://patrickcrusade.org.
149. *Kansas City Star*, 24 septembre 1993.

anormaux coïncident avec une combinaison d'ondes du Pivert et à très basses fréquences des tours GWEN américaines.[150]

Encore plus effrayant, nous avons la description de signaux ELF de 10 Hz et moins verrouillés en phase, dans une zone ciblée, qui pouvaient entraîner (bloquer) un certain pourcentage du cerveau humain dans une « direction forcée ». Dans ce cas, les signaux du Pivert sont « synchronisés » dans les cerveaux de telle façon que des fréquences cohérentes multiples y soient verrouillées en phase. Des effets biologiques peuvent alors être induits, telle que la mort instantanée, un arrêt cardiaque, une perturbation émotionnelle grave, la perte de contrôle des fonctions internes, des maladies, la neutralisation du système immunitaire et même l'implantation de pensées, d'émotions et d'idées qui sont interprétées par le sujet comme étant siennes.

Un dispositif de réchauffement ionosphérique russe est situé à Sura, en Russie centrale, à environ 150 km de Nijni Novgorod, propriété du Centre d'études radiophysiques de l'Institut de recherche de l'URSS (probablement aussi puissant que le dispositif Haarp actuel) ; les autres dispositifs se trouvent à Goriky, Monchegorsk et Douchanbé (au Tadjikistan). Les dispositifs ionosphériques occidentaux ayant précédé Haarp (à Gakona, Alaska), sont à Tromso (Norvège), Arecibo (Porto Rico), Pocker Flats (Alaska) et Platteville (Colorado).[151]

National Missile Defense (bouclier antimissile américain)
Le 26 mai 1972, les États-Unis et l'Union soviétique signèrent un traité afin de limiter les programmes antimissiles de chaque pays à deux sites, respectivement le Capitole et une autre base stratégique de missiles. En 1974, le protocole final du Traité ABM sur les missiles anti-balistiques réduisit le nombre des sites protégés à deux – un

---

150. *Science*, le 27 mai 1994, rapporte : « Les spécialistes des problèmes atmosphériques se posent des questions au sujet des éclairs en haute altitude », lors des inondations dans le Middle West des États-Unis.
151. NdÉ : pour plus d'information sur les dispositifs ionosphériques dans le monde, y compris en Chine, lire *L'Arme environnementale*, Patrick Pasin, Talma Studios.

pour chaque partie. Les Soviétiques choisirent de protéger Moscou, et les USA optèrent pour la base aérienne de Grand Forks, dans le Dakota du Nord, où ils avaient déjà entamé la construction d'une protection contre les missiles entrants. Le traité demeura en vigueur durant les trente années suivantes, jusqu'au moment où les USA se retirèrent unilatéralement. Après un préavis de six mois, notifié en décembre 2001, le Président George W. Bush se rétracta du Traité ABM en juin 2002.

Avant de renoncer à ce traité ABM, les États-Unis réduisirent l'ambitieux programme de guerre des étoiles du président Reagan et planifièrent un Bouclier anti-missile stratégique au sol. Après le retrait du traité ABM, le programme US National Missile Defense (NMD) fut étendu pour inclure la totalité du programme de défense proposé, pas seulement les intercepteurs de missiles stratégiques basés au sol (de courte portée) et leurs installations associées. D'autres éléments devraient encore être intégrés dans le NMD, notamment un système de défense antimissiles balistiques (à longue portée), ou des systèmes laser antimissiles de haute altitude, basés sur mer ou dans l'espace.

Pour le moment, le programme NMD est limité dans son ampleur et est conçu avec pour but de contrer une attaque ICBM (de missiles balistiques intercontinentaux) relativement réduite en provenance d'adversaires disposant d'un armement moins sophistiqué, comme la Corée du Nord ou l'Iran. À l'inverse du précédent Programme initial de défense stratégique, il n'est pas conçu pour constituer un bouclier à toute épreuve contre une attaque massive en provenance d'un adversaire techniquement avancé.

Plus récemment, avec l'intention déclarée de diminuer les craintes de la Russie au sujet de l'équilibre stratégique des armements, et pour lui permettre de réduire ses dépenses en missiles, sans pour autant affaiblir sa puissance, les deux nations signèrent le 24 mai 2002 à Moscou le Traité Sort, qui porte sur le désarmement stratégique. Il prescrit sur dix ans des coupes budgétaires drastiques – les plus importantes depuis environ 2000 – sur les armes nucléaires stratégiques déployées, mais sans prévoir de coupes sur l'ensemble des stocks d'ogives nucléaires. Ce traité Sort ne considérant que les armes déployées, une nation peut très bien continuer le stockage de missiles en toute impunité. Les signataires du traité se mirent également d'accord pour comptabiliser les porteurs d'ogives nucléaires, c'est-à-dire les missiles ou les bombardiers, au lieu du nombre réel d'ogives, ce qui signifie que les missiles à ogives multiples ne seront comptabilisés que pour une seule unité. Sort présente encore un autre défaut : chaque nation a la possibilité de se retirer avec un préavis de trois mois, sous n'importe quel motif.[152] En réalité, il n'adoucit que très peu les craintes de la Russie.

Les États-Unis annoncèrent leur intention de mettre en place un bouclier anti-missile au-dessus de l'Europe méridionale, afin de consolider les défenses régionales face à la menace que constituent les missiles iraniens. Il semble que le ministère de la Défense américain soit proche d'obtenir un accord pour la création d'une station radar terrestre clef, en Turquie ou en Bulgarie.[153] L'installation de ce radar de haute puissance, dans une gamme de fréquences partant de la bande X, permettrait de démarrer la première phase d'un bouclier qui devrait être opérationnel en 2011. En septembre 2009, le président Barack Obama supprima un projet de bouclier antimissile annoncé par son prédécesseur George W. Bush, qui aurait permis d'installer en 2013 un radar à bande X en République tchèque (qui possède maintenant probablement un radar à parabole) et dix missiles intercepteurs balistiques de longue portée en Pologne. La Russie qualifia ce projet de menace sécuritaire au pas de sa porte, bien que Washington alléguât ses intentions de repousser la menace potentielle d'un missile longue portée iranien.

Apparemment, l'armée américaine travaille également au côté d'Israël et de ses alliés dans le golfe Persique, afin d'aménager et de moderniser leurs capacités en matière de défense antimissile. En

---

152. Arms Control Today (Contrôle des Armes Aujourd'hui), juin 2002, *U.S. - Soviet/ Russia Nuclear Arms Control*.
153. *Today's Zaman Ankara*, 2 août 2010.

2008, les États-Unis installèrent en Israël une station radar terrestre à bande FBX-T ayant un rayon d'action de 2 000 km. À ce jour, il n'en existe pas d'autre dans les états arabes de la région. Le radar israélien devrait fournir un signal d'alerte précoce d'environ cinq minutes, avertissant des activités militaires en provenance d'Iran. Ce radar à bande FBX-T israélien est contrôlé par cent vingt membres du personnel américain, et il fournit déjà des informations aux navires de la marine américaine en Méditerranée.[154]

Le président Obama fit mettre la Roumanie sur écoute pour qu'elle puisse recevoir en 2015 le premier déploiement d'intercepteurs terrestres Standard Missile-3 (SM-3), et il déclara que la Pologne accueillerait le prochain site en 2018. Affaire à suivre.

Calme considération de la situation militaire

Nous ne pouvons qu'être consternés face à l'état de notre monde et à la menace que représentent les armes que nous n'avons encore jamais vues dans aucun combat. Si elles sont utilisées en situation de guerre, ce n'est pas seulement l'ambition de l'agresseur, mais avant tout la survie même de notre planète qui est en jeu. Les deux principaux belligérants et nombres d'autres nations qui poursuivent les mêmes ambitions ont la possibilité de causer une catastrophe dévastatrice et d'endommager la planète de telle sorte qu'elle ne puisse jamais se rétablir. Il n'y a pas de gagnant dans une telle situation. Et ces calamités prennent une dimension supplémentaire en raison du secret militaire, qui coupe le public de toute information, et de l'arrogance de l'armée américaine, qui semble nier la gravité de la menace.

Les Russes n'ont probablement pas les moyens financiers de hisser leur avance technologique au niveau nécessaire pour déclencher une guerre, et les États-Unis n'ont pas encore atteint le plein potentiel des ondes scalaires de Tesla. Nous ne disposons, semble-t-il, que d'un court laps de temps pour prendre la décision de ne plus laisser la guerre être une option de « politique étrangère »

---

154. Al Jazeera, 28 septembre 2008.

pour aucune nation. C'est une décision dont dépend notre survie et qui n'a rien d'utopique. Nous pourrions peut-être décider de partager les bénéfices de ce dont Tesla rêvait : une énergie libre à la disposition de tous les citoyens du monde ! Cette énergie pourrait donner à tous l'accès à l'eau potable, à la salubrité publique et à une irrigation abondante pour les récoltes, afin qu'aucune ne meure plus ni de soif ni de faim. La menace du désastre pourrait contraindre les nations ambitieuses à opter pour la négociation, les cours de justice et la paix mondiale en lieu et place de la guerre.

Il revient à cette génération de faire ce choix biblique : « J'ai mis devant vous la vie et la mort, la bénédiction et la malédiction. Choisissez la vie, afin que vous et votre descendance puissiez prospérer ! » (Deutéronome, 30:19).

Le changement climatique

Le chapitre 4 a traité des effets visibles de toutes ces années d'expérimentations et d'activités militaires sur notre environnement terrestre. Malheureusement, le trou dans la couche d'ozone fut présenté au public comme une conséquence presque exclusive de l'usage des chlorofluorocarbones (CFC) dans les réfrigérants ménagers et commerciaux. De même, les conditions météorologiques extrêmes et le changement climatique furent majoritairement mis sur le compte des émissions de CO_2 rejetées par les centrales électriques, les automobiles et les installations industrielles.

En effet, en 1997, lorsque l'inquiétude publique concernant le réchauffement climatique commença à atteindre son paroxysme, le Dr Edward Teller, père de la bombe à hydrogène, s'adressa à la Dow Jones Co. sur le thème : « La Planète nécessite un écran solaire ». Il prononça un discours sur la géoingénierie comme solution la plus économique pour faire face à la crise environnementale :

Entre 0,1 et 1,0 % des 100 milliards de dollars annuels (que l'on demande aux États-Unis de payer pour soutenir les nations en voie de développement), permettraient (pour établir un « pare-soleil » planétaire) de ramener le prix des carburants fossiles consommés à leur niveau de 1990, aux États-Unis seulement. [...] Misons uniquement sur le pouvoir d'innovation et la vigueur de la technologie américaine pour neutraliser le réchauffement mondial par la méthode la moins onéreuse.[155]

Cette première salve des géoingénieurs fut suivie d'un rapport publié dans le *London News*. Cet article expliquait comment Bill Gates, avec une équipe de scientifiques et d'ingénieurs, envisageait de réaliser un essai de « blanchiment des nuages » sur une surface de 10 000 km², afin de renvoyer vers le Soleil la chaleur de ses rayons. Kelly Wanser reçut 300 000 dollars de la part de Bill Gates pour développer des technologies qui augmenteraient la blancheur des nuages marins. Ce projet fut appelé le « Projet Lueur d'espoir » (Silver Lining Project).[156]

Avec de nombreux scientifiques et ingénieurs qui patientaient en coulisse, 193 nations se rencontrèrent le 8 mai 2010 sous l'égide de la Convention sur la diversité biologique des Nations Unies, afin d'envisager une réglementation de la géoingénierie. Selon le *London Times*, les scientifiques américains et britanniques n'avaient pas l'intention d'attendre cette réglementation et commencèrent les expérimentations sans tarder.

D'autres projets de géoingénierie proposent : 1. De fertiliser les océans en déversant des nutriments dans la mer pour favoriser la croissance et la prolifération des algues ; 2. De fabriquer du biochar[157] en transformant de vastes étendues de monocultures

---

155. Ce discours fut republié par le *Wall Street Journal*, le 17 octobre 1997.
156. *USA Today*, 11 juin 2010, *Can whiter Clouds reduce Global Warming?* (« *Des nuages plus blancs peuvent-ils réduire le réchauffement mondial ?* »), Oren Dorell.
157. NdT : « Le biochar est un amendement du sol issu de la pyrolyse de biomasse. Il est utilisé en agriculture pour augmenter la productivité des sols, le biochar agissant pour réhumifier les sols, améliorer la rétention d'eau et stimuler le système immunitaire des plantes. De nombreuses études, et notamment le rapport spécial du Giec de 2018, ont par ailleurs souligné l'intérêt du biochar dans la lutte contre le réchauffement climatique. En effet, lorsqu'il est produit à partir de biomasse

en charbon de bois que nous enfouirions ensuite dans le sol ; 3. D'utiliser des aérosols stratosphériques et de polluer délibérément l'atmosphère supérieure à l'aide de particules de soufre et/ou de particules d'aluminium. À l'évidence, ces programmes semblent familiers à ceux qui eurent connaissance des expérimentations militaires secrètes. Cependant, la plupart du temps, les organismes civils n'ont aucune idée des désastres passés.

Ces nouvelles géo-expérimentations, en modifiant les habitats, détruiront la biodiversité, l'une des composantes cruciales d'un environnement de qualité. De plus, tout ce qui interfère avec le rayonnement solaire diminuera la performance de tous les efforts entrepris à l'échelle mondiale dans la construction de panneaux solaires et de bâtiments à énergie solaire passive comme alternative aux combustibles fossiles. Par exemple, cela réduira l'intérêt des avancées technologiques récentes de l'Afrique du Sud concernant la construction de panneaux solaires, qui devraient permettre aux foyers de devenir totalement autonomes et les libérer des grosses factures d'électricité et des pannes imprévues, témoins d'une époque révolue.[158]

Ces projets proposés par la géoingénierie ignorent une solution très simple permettant de résoudre le problème du CO_2 – en l'occurrence, réduire les émissions de gaz carbonique ; ils nous offrent à la place des remèdes superficiels à court terme.

Le Groupe ETC (Action Groupe on Erosion, Technology and Concentration) est une organisation internationale qui s'est donnée pour mission « la conservation et le développement durable de la diversité écologique et culturelle, ainsi que des droits de l'homme ». Les membres du groupe ETC étaient présents aux rencontres populaires de Cochabamba, en Bolivie, sur le thème de l'environnement, et constituèrent à cette occasion une organisation

---

renouvelable, le biochar permet de compenser les émissions de gaz à effet de serre en stockant dans les sols, sous sa forme élémentaire stable, le carbone issu du CO_2 de l'atmosphère. » Source : Wikipedia.

158. William Steenkamp, *South African power research eclipses rest of the world*, *Saturday Argus*, 11 février 2006, p. 1.

appelée Hands Off Mother Earth (HOME, Ne touchez pas à notre Terre-Mère)[159].

L'équipe secrète du laboratoire Lawrence Livermore, qui comprend vingt-un membres américains et soviétiques travaillant sur les projets Pivert et Haarp, reçut récemment une récompense spéciale de la CIA et de la NSA pour leurs efforts à concevoir des systèmes d'ingénierie météorologique. Qui mieux que ces scientifiques qui expérimentent depuis si longtemps avec notre environnement terrestre pour poursuivre la recherche en géoingénierie ? Mais est-ce bien là la route à suivre ? Cela permettrait aux forces armées de continuer leurs recherches sans l'exercice d'un contrôle civil dans une atmosphère plus ouverte et coopérative. Ces géoingénieurs pourraient même en arriver à être considérés comme des héros de l'environnement, dans un monde bouleversé où l'ordre des priorités est sens dessus dessous. La sécurité a perdu sa signification première qui est l'accès à un air pur, une eau propre et une nourriture non-contaminée. La sécurité, avec l'acquiescement des citoyens, prend le sens militaire du terme : posséder des armes prêtes à détruire la Terre même.

Un groupe allemand qui réalise une analyse plus approfondie de la crise mondiale, y compris des secteurs militaires et civils, s'est également créé en 2010, sous le nom de Mouvement planétaire pour la Terre-mère[160]. Il demeure une question importante et pourtant sans réponse : jusqu'à quel point la Terre peut-elle supporter tous ces sévices et, pour autant, continuer d'être la planète maternelle, accueillante et fidèle que nous aimons ? Les environnementalistes parlent de « point de bascule », qui correspond au moment où le caractère anormal de l'environnement, en l'absence d'une nouvelle agression, change rapidement sans qu'aucun contrôle ne puisse intervenir. La fonte des glaces dans l'océan Arctique en est un exemple. Une fois disparus la glace et son pouvoir réfléchissant sur les rayons du Soleil, la mer devient une masse qui absorbe

---

159. http://www.etcgroup.org.
160. www.pbme-online.org.

l'énergie solaire. À partir de ce moment, sans qu'un nouveau changement intervienne, la glace continuera de fondre par cette simple dynamique. Où pourrait donc se situer le point de bascule de la stabilité géomagnétique terrestre dans tout ce processus de maltraitance ?

Nous avons vu que les États-Unis comme la Russie aimeraient voir l'Arctique libéré de ses glaces pour y établir des routes maritimes, mais cette collaboration n'explique pas la fonte des glaces de l'Antarctique ou des glaciers suisses ou de l'Himalaya. Yao Tandong, glaciologue chinois de premier plan, signala que les glaciers sur le plateau du Tibet fondaient à une telle vitesse que les deux tiers auraient disparu en 2060. Il s'ensuivra une catastrophe environnementale pour le fleuve Jaune, le Yang-Tsé-Kiang et les millions d'hommes qui vivent sur leur cours. Étant donné la raréfaction des sources d'eau souterraines, la perte des eaux fluviales pourrait conduire à des pénuries alimentaires ingérables[161]. Nous savons parfaitement que si les « contraintes » climatiques actuelles (dues à la pollution industrielle et militaire) sont maintenues durant une période de temps suffisamment longue, les profondeurs des océans se réchaufferont, causant l'extinction de la vie dans les grands fonds marins. Il peut s'écouler des siècles avant que le climat ne retrouve la stabilité que nous lui avons connue, s'il ne la retrouve jamais !

---

161. *Earth Policy News*, *Plan B Update*, 20 mars 2008.

Suite des textes additionnels de Rosalie Bertell

(Ils ont été réunis intitialement par le Dr Claudia von Werlhof[162] pour la publication de l'édition allemande.)

A- Participation conjointe des USA et des Soviétiques

De nouvelles recherches révèlent que les scientifiques américains et soviétiques démarrèrent une série d'essais en commun pour réchauffer l'Arctique dès la fin des années 1960[163]. Depuis le Sommet de Vladivostok en 1974, les leaders américains et soviétiques entreprirent des opérations d'ingénierie climatique. Et, à la fin des années 1970, les USA s'engagèrent dans leur propre programme de modification climatique à partir des signaux ELF.

Pour améliorer leurs actions conjointes de contrôle climatique électromagnétique, les USA invitèrent des scientifiques russes à travailler dans le plus grand secret au *Laboratoire d'armes de haute technologie Lawrence Livermore*. Bien que le projet ait été officiellement nommé « Recherche de dépollution environnementale », le véritable objectif de ce projet commun à la Russie et aux USA, ne fut jamais révélé au peuple américain.

Le projet d'utilisation de la technologie russe est décrit par le *Journal of Commerce and Commercial Bulletin* du 4 août 1993 :

> Durant la guerre froide, dans le laboratoire de recherche protégé de Gorky, les scientifiques militaires russes développèrent le « Gyrotron », un générateur de micro-ondes de haute énergie, conçu pour balayer du ciel les avions de guerre occidentaux [utilisant la technologie des ondes scalaires de Tesla].

---

162. Lire notamment *Global Warning! Geoengineering is Wrecking our Planet*, Dr Claudia von Werlhof et al., Talma Studios.
163. Documenté dans le livre de Lowell Ponte, *The Cooling: Has the next ice age already begun? Can we survive it?*, 1976.

Aujourd'hui, au Laboratoire National Lawrence Livermore, des scientifiques militaires américains considèrent la proposition russe d'utiliser ces générateurs pour une nouvelle mission : épurer l'atmosphère de la présence d'ozone des substances chimiques [CFC's]. Les scientifiques du centre Lawrence Livermore commencèrent à collaborer l'année dernière avec leurs homologues russes ; ils se rendirent dans des centres de recherche en Russie et s'engagèrent dans des projets communs [...] Le nouveau système Haarp d'ingénierie climatique, actuellement en construction en Alaska, pourra, de toute évidence, (parmi ses multiples fonctions) éliminer la pollution et également augmenter ou diminuer à volonté les couches d'ozone de l'atmosphère supérieure. En fait, l'équipe secrète de vingt-et-un membres du « Projet Pivert » américano/soviétique, du Laboratoire Lawrence Livermore, chargée du projet, vient d'être récompensée d'un prix spécial pour ses efforts délivré par la CIA et la Nasa.

Le projet américain d'ingénierie climatique

Le Dr Bernard J. Eastlund, physicien, ne fit, dans l'ensemble, qu'« emprunter » les idées de Tesla, mais reçut néanmoins un brevet[164] pour son invention qui utilisait ces idées empruntées. Le brevet fut délivré à ARCO APTI et, le 6 septembre 1987, la radio publique nationale annonçait :

Le Dr Eastlund déclara que sa nouvelle invention pouvait être utilisée pour modifier le climat en réorganisant l'ordonnance des vents en haute altitude (...) Son invention emploie une source d'énergie au sol pour créer des ondes radio électromagnétiques et les focaliser très haut dans l'atmosphère. Le Dr Eastlund affirma également que cette invention peut éventuellement servir à orienter le jet-stream, et pourrait aussi permettre l'interruption des communications sur toute la Terre.

---

164. N° 4.686.605 émis le 11 août 1987.

Entre autres points, le brevet de 1987 annonce :

> Nous pourrions soulever de vastes zones de l'atmosphère supérieure à des altitudes inattendues [...] la modification du climat est possible, par exemple, en modifiant le parcours des vents de l'atmosphère supérieure.

Cela correspond exactement à ce que le système d'ondes ELF du Pivert russe réalise.

Au sujet de l'invention du Dr Eastlund, un article de mars 1988 d'*Omni Magazine* déclare :

> Ce qui se produirait essentiellement, c'est qu'une énorme partie de l'atmosphère chargée par le système Haarp serait repoussée verticalement et éloignée du champ terrestre par cette force électromagnétique. D'après Eastlund, il est possible de soulever virtuellement une partie de l'atmosphère supérieure.
>
> Eastlund affirme également que nous pourrions créer des panaches de particules atmosphériques qui joueraient le rôle de lentilles ou de dispositif de focalisation des rayons solaires. En intensifiant et contrôlant la lumière, nous pourrions chauffer une zone spécifique de la Terre et apprendre à manipuler localement les schémas des vents.
>
> Il serait alors possible d'apporter, par exemple, la pluie en Éthiopie ou de modifier le cycle des orages d'été aux Caraïbes.[165]

En raison de la publicité faite autour de ces aspects du brevet Eastlund-Arco, le gouvernement des États-Unis interdit la diffusion de toute information ultérieure concernant les caractéristiques d'ingénierie climatique de cette invention. Depuis 1989, l'invention

---

165. Comme nous l'avons démontré en juillet 1994, lorsque la tempête du golfe demeura stationnaire, provoquant des inondations en Géorgie, en Floride et en Alabama.

est dissimulée sous les dehors d'un projet de « recherche atmosphérique ».

Un groupe environnemental très actif, la Cook Inlet Vigil, découvrit des détails choquants sur les terribles dangers que présente ce nouveau système d'« escamotage » de l'ionosphère terrestre. L'*Alaska Daily News* du 15 décembre 1991 publia un long article au sujet de Haarp :

> Une énergie électrique flotte très haut, au-dessus de l'Alaska, où elle est visible, semblable à une aurore boréale, comme un rideau vert, écarlate, et d'un blanc chatoyant. Ces brillantes lumières septentrionales sont le résultat d'un gigantesque générateur naturel qui produit une énergie allant jusqu'à 10 000 000 de mégawatts lorsque les particules des vents solaires s'écrasent dans le champ magnétique terrestre. Il existe des courants qui se concentrent et parcourent l'ionosphère, que l'on appelle électrojets, pouvant parfois atteindre des millions d'ampères. Lorsqu'un électrojet touche la Terre, comme c'est quelquefois le cas durant une tempête magnétique, il peut arracher les câbles téléphoniques et les réseaux électriques.

Les plus puissants dispositifs ELF de réchauffement ionosphérique, ainsi que les transmetteurs amplificateurs Pivert-Tesla russes, causèrent d'importants bouleversements des cycles climatiques planétaires – à partir de 1976, avec une intensification pendant les années 1980 et 1990, au fur et à mesure que se construisaient de nouveaux transmetteurs ELF.

Les installations Haarp à Gakona ne sont que la première étape d'un projet beaucoup plus vaste. Par la suite, le réseau d'antennes occupera une surface encore plus impressionnante et générera une énergie de 1,7 gigawatts (milliards de watts), ce qui en fera le transmetteur ELF le plus puissant au monde. Soit dit en passant, Sheldon Nidle, qui poursuivit les recherches de Tesla, et auteur de

You are Becoming a Galactic Human, écrit dans son livre en 1994 :

> Ces événements m'ont permis d'étudier de façon plus approfondie certains des dispositifs surprenants de Tesla, tels que la technologie de l'énergie sans fil, un dispositif appelé transmetteur amplificateur. Ces recherches m'ont alors fourni des informations qui m'aidèrent à comprendre de quelle façon les théories de Tesla étaient utilisées, aussi bien par l'Union soviétique que par les États-Unis, pour conduire une guerre climatique qui débuta au milieu des années 1970 et se poursuit jusqu'à nos jours.

Il fut aperçu des lueurs bizarres, de curieux éclairs et des effets comme en provoque le plasma dans le ciel au-dessus de l'ex-URSS, près du site du transmetteur du Pivert. Ainsi, le 23 septembre 1977, le *Washington Post* rapporta :

> Une étrange boule de feu, semblable à une étoile, a été vue au-dessus de Petrozavodsk dans la région de Karelia ; elle s'étalait dans le ciel, pareille à une méduse et déversait des rais de lumière.

Des effets de plasma semblables furent provoqués au plus fort des grandes inondations de 1993 dans le Midwest par les transmetteurs ELF américains, qui permettaient de « zapper » l'ionosphère. Le *Kansas City Star* du 24 septembre 1993 déclara qu'une équipe de chercheurs de l'Institut de géophysique de l'Université d'Alaska, qui participe aux travaux concernant Haarp, aperçurent

> de mystérieux éclairs jaillissant du sommet des nuages d'orage dans l'atmosphère supérieure […] au-dessus du Midwest, lors des inondations de l'été.

Cette observation est faite tandis que la zone était frappée par des systèmes d'ondes stationnaires géantes, qui bloquèrent l'évolution météorologique sur une longue période, et étaient dus à la combinaison des ondes ELF du Pivert Russe et des ondes VLF des Tours GWEN américaines. Le journal relata:

> Ces éclairs mystérieux ressemblaient à des méduses. Ils sont plus brillants au moment où ils jaillissent au sommet – généralement à environ 60 km de hauteur – de telle sorte que vous avez le corps de la méduse en haut avec les tentacules qui redescendent.

Des informations supplémentaires sur ces mystérieux éclairs accompagnant les inondations de 1993 dans le Midwest furent publiées dans *Science Magazine* du 27 mai 1994, qui rapporte que « Les spécialistes de l'atmosphère se posent des questions au sujet d'éclairs en haute altitude » et signale des vidéos récentes prises depuis la navette spatiale qui filmèrent d'étranges effets de plasma, des farfadets[166].

Dangereuses anomalies terrestres dues aux ondes ELF

Peu de temps après le début des transmissions entreprises au travers de la Terre par les Américains et les Soviétiques, la dynamique interne de notre planète fut modifiée. Le 13 décembre 1984, le *Washington Post* rapporta que la Terre avait subi de façon inattendue un brusque ralentissement de sa rotation. Bien que le mouvement de rotation de la planète ait ralenti progressivement sur une longue période de temps, cette anomalie était si inhabituelle que la compensation calculée normalement par les ingénieurs du US Naval Observatory (en ajoutant une seconde intercalaire aux horloges atomiques), n'était pas nécessaire. Le journal affirma :

---

166. Feu de Saint Elme. NdT : phénomène connu maintenant sous le nom de « sprites » (fr.wikipedia.org/wiki/Phénomène_lumineux_transitoire), qui n'a commencé à être remarqué qu'à partir des années 70.

« Nous ne comprenons pas exactement pourquoi la Terre a ralenti. » Les scientifiques du US Naval Observatory et du Jet Propulsion Laboratory constatèrent que « la Terre, comme une machine à laver déséquilibrée, s'est mise à osciller en tournant. »[167]

Le numéro d'*Omni* de juillet 1990 signala que, du 24 janvier au 3 février 1990, la rotation de la Terre avait, de façon inattendue, DE NOUVEAU soudainement ralenti. Les scientifiques du US Naval Observatory déclarèrent ce ralentissement plus brutal que d'habitude. Le *New York Times* du 9 août 1991 décrivit les causes de ces soudaines et surprenantes perturbations :

> Les géophysiciens pensent que des perturbations dans la circulation des fluides métalliques en fusion au cœur de la Terre contribuent à modifier la rotation terrestre [...] Les variations irrégulières de cette rotation sont dues à des fluctuations de l'écoulement des fluides dans le cœur métallique sous-jacent et dans l'hydrosphère et l'atmosphère sus-jacentes, et [...] aussi à la convection des forces à l'intérieur de la Terre et au mouvement des plaques tectoniques près de la surface.

Tous ces phénomènes signalés sont influencés par les vibrations ELF qui traversent la Terre. Le *Chicago Tribune* du 11 décembre 1986 déclara :

> Des tourbillons géants, certains atteignant 100 km de diamètre, furent détectés alors qu'ils se déplaçaient le long des côtes de Norvège à des vitesses allant jusqu'à 4 nœuds, représentant de graves menaces pour les marins. Ces tourbillons géants n'ont pas de centre visible et sont difficiles à repérer.

---

167. *Wall Street Journal* du 15 juillet 1988.

Nous n'avions jusqu'alors jamais entendu parler de tels tourbillons éléphantesques avant les années 1980.

Cette période correspond à celle à partir de laquelle les USA et l'URSS ont commencé à générer des ondes ELF.

Des ondes stationnaires géantes appelées « solitons » furent également repérées près du détroit de Gibraltar. Le *New York Times* du 30 avril 1985 signala la découverte d'énormes vagues internes dans l'océan, dont la présence ne pouvait être détectée d'aucune façon significative en surface.

> Une succession de vagues internes catastrophiques a maintenant été repérée dans le détroit de Gibraltar à partir de photos prises d'une navette spatiale en octobre 1984.

Des scientifiques qui mesurent les vagues océaniques déclarèrent que « l'océan Atlantique devient plus agité ». Les mesures prises depuis les années 1960 montrent que durant les dernières années 1970 (période qui suivit le début des transmissions d'ondes ELF, soviétiques et américaines), « les vagues ont réellement semblé devenir plus grandes ». Le *New York Times* du 19 avril 1988 relata que des scientifiques britanniques constatèrent « l'augmentation de plus de 20 % depuis les années 1960 » des vagues dans le nord-est de l'Atlantique. Les océanographes considèrent qu'il s'agit là d'un « phénomène climatique significatif ».

Le projet d'ingénierie sismique

L'article *Tesla's Controlled Earthquakes* publié dans le *New York American* du 11 juillet 1935 dit :

> Les expérimentations de Tesla pour transmettre des vibrations mécaniques au travers de la Terre – ce qu'il appelle « l'art de la télé-géodynamique » – ont été grossièrement décrites par le chercheur comme une sorte de « séisme contrôlé ».

[…] Les vibrations rythmiques traversent la Terre presque sans aucune perte d'énergie. Il devient possible de transmettre des effets mécaniques aux distances terrestres les plus reculées, et de produire toutes sortes d'effets particuliers. On pourrait utiliser cette invention à des fins de destruction au cours d'une guerre […].

En janvier 1978, le Dr Andrija Puharich, M.D., LL.D., fit paraître un mémoire de recherche avec pour titre *La Guerre magnétique mondiale – le point de vue d'un profane au sujet de certains effets induits artificiellement sur la Planète Terre de 1976 à 1977*. Décrivant les premiers essais soviétiques employant la méthode des « séismes contrôlés » de Tesla, il constata :

Parmi les nombreux séismes majeurs survenus en 1976, il y en a un qui nécessite une attention particulière – le tremblement de terre de Tangshan, en Chine, le 28 juillet 1976.

L'analyse de Puharich est significative car elle décrit des effets de lueurs nocturnes dues au plasma, comme en créait le Pivert soviétique. Les dispositifs ELF de réchauffement ionosphérique, tels que Haarp, peuvent générer des effets similaires.

Ce séisme de 1976 attira particulièrement mon attention, car il fut précédé d'un embrasement de toute l'étendue du ciel au-dessus de Tangshan. De plus, ce tremblement de terre se produisit durant le premier mois des émissions radio du Pivert soviétique […] L'effet le plus remarquable survint alors que les émissions du Pivert avaient atteint leur pleine puissance, le ciel était allumé comme une lampe à gaz ionisée, exactement selon les prévisions de Tesla.

Le 5 juin 1977, le *New York Times* décrivit le grand tremblement de terre, qui détruisit Tangshan et tua plus de 650 000 personnes :

Juste avant la première secousse, à 3 h 42 du matin, le ciel s'éclaira comme en plein jour. Les lumières aux multiple couleurs, surtout blanches et rouges, furent aperçues jusqu'à 320 km. Les feuilles de beaucoup d'arbres se calcinèrent et se recroquevillèrent, les légumes qui poussaient dans les jardins furent roussis sur un côté, comme par une boule de feu.

Ces effets électriques sont en liaison avec le plasma électro-magnétique, les boules de lumière et les étranges réseaux d'éclairs que génèrent les transmissions de type Tesla et Haarp. Dans le cadre des accords secrets de Vladivostok concernant le réchauffement mondial artificiel passés en 1974 entre les USA et les Soviétiques, les USA décidèrent de mettre en route des transmissions d'ondes ELF de 30 Hz à partir d'un site dans le Pacifique nord-ouest.

Étrange coïncidence en 1980, tandis que les transmissions ELF américaines et russes augmentaient, il se produisit une augmentation brusque des tremblements de Terre dans le monde. Le *Washington Post* du 30 janvier 1981 signala :

Le monde a subi 71 séismes de grande ampleur en 1980, dépassant les 56 de l'année précédente, et la planète paya le lourd tribut de 7 140 morts, cinq fois plus que les chiffres de 1979, affirme l'USGS (Institut d'études géologiques des États-Unis).

Le 12 septembre 1989, à Corralitos, près de la baie de Monterrey, en Californie, des capteurs appelés « magnétomètres » détectèrent des signaux radios ULF (Ultra Low Frequency) inhabituels (entre 0,01 Hz et 10 Hz – les fréquences ELF les plus basses).

Ils devinrent trente fois plus puissants le 5 octobre, puis s'affaiblirent quelque peu. À 14 h 00, le 17 octobre, les signaux devinrent si puissants qu'ils pulvérisèrent toute possibilité de détection du capteur. Trois heures plus tard, la baie de San Francisco était violemment secouée par le tremblement de terre Loma Prieta. D'une magnitude de 7,1, il tua soixante personnes et en blessa trois mille huit cents autres.

Le catastrophique tremblement de terre du 17 janvier 1994 à Los Angeles fut également précédé par des signaux radios mystérieux. Certains témoins disent avoir entendu deux « bangs supersoniques » (qui sont des symptômes typiques de l'utilisation d'armes Tesla soviétiques) immédiatement avant le tremblement de terre.

Habituellement, ils ne se produisent pas à plus de 20 à 25 km de profondeur. Pourtant, un séisme d'une profondeur particulièrement exceptionnelle venait de se produire. La revue *Science News* du 18 juin 1994, relata que se produisit le 8 juin un séisme de magnitude 8,2 à 600 km en-dessous de la Bolivie, frappant la planète suffisamment fort pour la faire résonner. Le tremblement fut ressenti dans la plus grande partie de l'Amérique du Nord, jusqu'à Seattle – une particularité au sujet de laquelle les géophysiciens se sont posés beaucoup de questions. Bruce W. Presgrave, du Réseau national de surveillance sismique, déclara :

> C'est la première fois, à notre connaissance, qu'un séisme se produisant dans cette partie de l'Amérique du Sud, est ressenti en Amérique du Nord.

Un grave danger pour la Terre

Le texte du brevet d'Eastlund de 1987, donc le concept de base du projet Haarp, témoigne du réel danger qu'il représente pour la stabilité géomagnétique de notre planète :

> Le champ magnétique de la Terre peut être réduit ou interrompu à des altitudes appropriées pour modifier ou éliminer ce même champ magnétique.

Le numéro d'*Omni* de mars 1988 rapporte que :

> Richard Williams, physicien à Princeton, pense que l'invention d'Eastlund (Haarp), pourrait devenir « une grave menace pour l'atmosphère terrestre » et « pourrait causer des dommages irréversibles […] les effets produits au niveau de l'atmosphère ne peuvent pas être localisés […] les termes du brevet montrent clairement que le but visé est de produire des effets à l'échelle planétaire ».

Les effets combinés de ces transmetteurs, y compris le Pivert russe, le nouveau système Haarp, ainsi que les autres systèmes ELF et VLF, comme ceux du Michigan et les tours GWEN, sont extrêmement dangereux. Lorsqu'ils fonctionnent simultanément ou lors des tempêtes géomagnétiques, ils représentent une profonde menace pour la planète entière.

L'interruption de la dynamique interne de la Terre et la modification des ceintures magnétiques de la haute atmosphère, qui constituent la partie externe du système naturel de la Terre, peuvent créer l'inversion prématurée des pôles magnétiques, aggraver l'oscillation nouvellement découverte de la rotation terrestre et éventuellement provoquer d'autres formes de bouleversements.

La revue *Specula Magazine* de janvier 1978 décrit ainsi les effets du Pivert :

> Nous sommes en mesure de transmettre à travers la Terre un signal électromagnétique correspondant qui, s'il est introduit dans la Terre à certains multiples de 30°, générera des ondes stationnaires au cœur de la Terre même. Sous certains angles d'incidence, l'onde stationnaire induit à son tour un étrange phénomène : une cohérence avec l'onde stationnaire se forme dans le magma central et une minuscule fraction du déferlement des énormes courants électromagnétiques du noyau liquide commence à s'introduire dans l'onde stationnaire induite et l'amplifie.

À ce stade, nous avons établi une sorte de triode géante : le signal d'induction introduit dans la Terre est le signal de la grille, et l'énorme énergie dans le cœur en fusion de la Terre est la cathode et la source d'énergie. La cohérence établie sert d'élément amplificateur pour le signal, et il y a à présent dans l'onde stationnaire, une somme d'énergie beaucoup plus grande que la minuscule quantité qui provenait de la surface terrestre. En utilisant des techniques de type interféromètre, nous pouvons combiner de multiples ondes « à résonance géante » de cette sorte afin de créer un « rayon », ou effet de focalisation, d'une énorme puissance à l'intérieur de la Terre.

En fonction des fréquences, de la focalisation, de la forme de l'onde, etc., il est possible […] d'induire un grand nombre d'effets tels que des tremblements de terre, de graves perturbations dans l'atmosphère moyenne et supérieure, au-dessus de la zone ciblée […] ou encore de provoquer des anomalies météorologiques. C'est ce que l'on appelle l'effet Tesla.

À la différence des périodes précédentes, la Terre est maintenant beaucoup plus vulnérable aux influences astronomiques extérieures. Aujourd'hui, de puissants transmetteurs interfèrent avec le champ magnétique naturel de la Terre, le neutralise et le font disparaître. Pour la première fois dans l'histoire de l'humanité, un nombre toujours croissant de vibrations artificielles VLF et ELF perturbent les systèmes électromagnétiques naturels, internes et externes de la Terre, ces mêmes systèmes qui aident au maintien de la rotation, de l'équilibre et de la stabilité planétaire. L'oscillation planétaire nouvellement découverte et les ralentissements brusques et soudains de la rotation, ne sont qu'un début. Il se pourrait maintenant, et les risques sont considérablement accrus, qu'un quelconque astéroïde ou une météorite percutant la Terre puisse déclencher une résonance destructrice telle que la planète parvienne à se scinder, comme Tesla le prévoyait, ou subisse le basculement des pôles.

Dans son livre *Fer-de-Lance*[168], T. E. Bearden démontre comment les effets combinés du Pivert, de Haarp, d'autres dispositifs ELF de réchauffement ionosphérique, des ondes ELF par câble et des systèmes de tours GWEN, représentent une grave menace pour la stabilité planétaire :

> Tous les regroupements de noyaux – tels que les étoiles ou les planètes – absorbent et irradient puissamment les ondes scalaires. Le Soleil, particulièrement, est une source intense de rayonnement des ondes scalaires. Ce rayonnement pénètre la Terre en profondeur, interagissant de plus en plus avec les couches profondes, qui, sous l'action d'un stress mécanique accru, sont de plus en plus non linéaires. La plus grande partie de la chaleur du magma terrestre provient du déphasage d'une fraction de ce rayonnement solaire d'ondes scalaires, qui libère de l'énergie électromagnétique ordinaire sous forme de chaleur.
> La Terre, elle-aussi, renvoie le rayonnement d'ondes scalaires vers le Soleil. Le Soleil et la Terre sont ainsi accouplés dans un système scalaire équilibré ou proche de l'équilibre. Chaque corps de ce couple fonctionne en boucle de rétroaction, à la fois aller et retour.

Décrivant de grandes armes électromagnétiques, telles que les systèmes pivert et Haarp, Bearden affirme :

> Si des effets scalaires significatifs sont produits sur terre dans le mode « pulsation », il en résulte des perturbations pulsées des systèmes Terre-Soleil et Terre-Lune. Il existe alors le danger qu'une ou plusieurs résonances naturelles des systèmes couplés soient déclenchées. Si une stimulation trop intense

---

168. T.E. Bearden, *Fer-de-lance*, 1986, ré-édité en 2002 avec des mises à jour.

ou trop soudaine se produit sur Terre, la résonance couplée de la réaction solaire pourrait s'avérer désastreuse. La plus petite simulation apocalyptique pourrait produire l' expulsion violente d'énergie et de particules solaires électromagnétiques. Si cela était dû au phénomène de résonance, les expulsions d'énergie et de particules électromagnétiques se poursuivraient pendant un certain temps jusqu'à « désactivation ». Dans ce cas, la Terre serait détruite par le feu, comme dans la prophétie biblique. Or, les résonances Soleil-Terre, Soleil-Lune et Terre-Lune, sont particulièrement sensibles.

Remarquez l'influence exceptionnelle de la Lune sur les marées, l'avancée des plaques tectoniques et les marées océaniques. Si le système de résonance Terre-Lune était stimulé plus que de normal, nous pourrions nous attendre à de VIOLENTS séismes, d'une magnitude surprenante, et des raz-de-marée hauts de plusieurs centaines de mètres.

La relation possible avec des légendes contant la destruction terrestre sous un déluge de pluie, la preuve scientifique de niveaux d'eau extrêmes sur les montagnes, le mythe d'anciens cataclysmes qui auraient détruit des civilisations océaniques à la technologie prétendument avancée (le mythe de l'Atlantide), tous ces faits deviennent une évidence.

L'utilisation d'armes électromagnétiques scalaires géantes, notamment des dispositifs conçus aux USA qui interfèrent avec les ceintures protectrices de Van Allen (véritables dons divins) et avec d'autres couches magnétiques externes, est une épée à double tranchant. À moins d'être employées avec précaution, l'utilisation de ces armes peut soumettre ceux qui les manipulent à un terrible retour de manivelle – comme purent le découvrir les Soviétiques en 1986, lorsque la principale source d'énergie du transmetteur Pivert Gomel explosa à Tchernobyl –, aussi bien que pour la victime, et nous pouvons même en arriver à la destruction de la Terre elle-même.

Avec les armes électromagnétiques scalaires, les conséquences d'une simple panne électronique peuvent être catastrophiques, non seulement pour la nation concernée, mais pour la Terre dans sa totalité. Si, par hasard, une décharge pulsée électro-gravitationnelle vient exciter la boucle de rétroaction électromagnétique scalaire naturelle du Soleil ou de la Lune dans le mauvais sens, vous allez provoquer des convulsions terrestres et l'augmentation brutale de la chaleur interne du cœur planétaire en fusion, accompagnée de l'éruption concomitante de ce cœur directement au travers du manteau terrestre, soit une violente éruption volcanique !

B- Nous détruisons lentement notre planète

Nous sommes tous les enfants de l'univers. Des milliards d'années avant notre naissance, la fournaise des étoiles a fabriqué, en une abondance prolifique, les matériaux chimiques élémentaires nécessaires à toute vie, et les supernovas ont renoncé à leur existence pour produire toutes les substances chimiques plus lourdes et les oligo-éléments qui permettent à nos corps humains de fonctionner normalement. Notre planète Terre s'est formée il y a plus de quatre milliards d'années. Ni trop près, ni trop éloignée de notre soleil, afin que notre température soit au degré parfait qui assure la vie. Notre planète a créé une lune pour régner sur la nuit, le mouvement des eaux et orchestrer les cycles de la vie. Les eaux ont recouvert notre jeune planète, formant une soupe chimique dans laquelle ont été formées, à partir des éléments provenant des étoiles, les molécules longues parmi lesquelles se trouvaient les protéines de la vie. Puis les eaux se sont retirées pour former les océans, permettant à la Terre séchée de se couvrir d'herbe, d'arbres, de fleurs, d'insectes, de papillons, d'oiseaux, d'amphibiens, d'animaux de toutes sortes et d'êtres humains. Nous ne serons jamais assez reconnaissants pour le don magnifique de cette vie et de tout ce qui nous a été nécessaire pour l'aider à s'épanouir ces dernières centaines de milliers d'années ! Et pourtant, les dangers que l'on pressent et qui la menacent aujourd'hui sont inédits dans tout le déploiement de son histoire.

Ces soixante-cinq dernières années, tandis que la communauté civile des habitants de cette Terre s'employait à se débarrasser des armes nucléaires, certaines nations économiquement développées pénétrèrent discrètement dans le royaume de la géoingénierie militaire. Le géo-armement fut récemment présenté au public sous les dehors d'un « nouveau » moyen que nous offre la haute technologie pour modérer les effets du réchauffement planétaire.

La géoingénierie se définit comme l'ingénierie environnementale de notre atmosphère, à l'échelon planétaire, c'est-à-dire la manipulation de la météorologie, de nos océans et de notre Terre-mère elle-même. Les méthodes qu'elle nous propose sont, en réalité, déjà employées sans que les citoyens n'aient participé à aucun débat, sans qu'ils en aient même été avertis, sans qu'aucun contrôle démocratique n'ait eu lieu. Les plans avancés par la géoingénierie sont basés sur une compréhension approfondie du système terrestre, acquise au cours de l'exploration de l'espace, exploration stupéfiante par son étendue et le nombre de ses projets. Pour quelles raisons ces expérimentations ne furent-elles pas portées à la connaissance du public et discutées ouvertement, y compris dans les soi-disant démocraties, alors que les géo-expérimentations se déroulent depuis la Deuxième Guerre mondiale ? C'est une question à laquelle un géo-ingénieur répondit lui-même en février 2010, lors d'une réunion de l'Association américaine pour l'avancement de la science (AAAS) :

> [...] Les études montrent cependant que les gens portent surtout des jugements en fonction de leurs propres valeurs, de leurs croyances, de leurs visions du monde et de leurs émotions. Les faits établis ne jouent qu'un rôle mineur. On ne peut pas combler cette lacune en portant les faits à la connaissance du public, ou en essayant d'améliorer les connaissances scientifiques du public [...]

Les raisons légales sont probablement liées au fait que personne n'est propriétaire de l'atmosphère qui enveloppe la Terre, et que les études d'impact environnemental concernant les manipulations atmosphériques ne sont pas requises par la loi. Nous pourrions aussi ajouter que le secret militaire est une composante essentielle de la culture militaire. Les implications de ces expérimentations pratiquées à l'échelon mondial sont graves et impactent la vie même. Il est évident que le public et tout ce qui est essentiel à sa survie sont menacés, mais nul n'a clairement considéré, expliqué et reconnu les conséquences potentielles, nul n'a cherché à obtenir une autorisation formelle de la part du public en danger.

Le contexte

Depuis les procès de Nuremberg après la Deuxième Guerre mondiale, les principes légaux qui guident les expérimentations sur les êtres humains ont clairement été définis. Le tout premier de ces principes est le suivant :

> 1. Le consentement volontaire du sujet humain est absolument essentiel. Cela veut dire que la personne concernée doit avoir la capacité légale de consentir ; qu'elle doit être placée en situation d'exercer un libre pouvoir de choix, sans intervention de quelque élément de force, de fraude, de contrainte, de supercherie, de duperie ou d'autres formes sournoises de contrainte ou de coercition ; et qu'elle doit avoir une connaissance et une compréhension suffisantes de ce que cela implique, de façon à lui permettre de prendre une décision éclairée. Ce dernier point demande que, avant d'accepter une décision positive par le sujet d'expérience, il lui soit fait connaître : la nature, la durée, et le but de l'expérience ; les méthodes et moyens par lesquels elle sera conduite ; tous les désagréments et risques qui peuvent être raisonnablement envisagés ; et les conséquences pour sa santé ou sa personne, qui pourraient possiblement advenir du fait de sa participation à l'expérience. L'obligation et la responsabilité d'apprécier la qualité du consentement incombent à chaque personne qui prend l'initiative de, dirige ou travaille à l'expérience. Il s'agit d'une obligation et d'une responsabilité personnelles qui ne peuvent pas être déléguées impunément ;

Il me semble évident, bien que je n'aie pas connaissance de l'opinion légale, que toute expérimentation sur le système qui alimente notre vie, avec la Terre elle-même, est une expérimentation qui correspond à cette définition et nécessite un consentement éclairé.

Dès 1946, General Electric découvrit qu'en laissant tomber de la neige carbonique dans une chambre froide, nous pouvions « créer » des cristaux de glace identiques à ceux des nuages. Dans les mois qui suivirent cette découverte, ils utilisèrent des avions pour déverser de la neige carbonique sur les cumulus, en transformant les gouttelettes d'eau en cristaux de glace et les regardant tomber au sol comme de la neige. En 1950, les chercheurs industriels s'étaient rendu compte que l'iodure d'argent produisait le même effet. L'ère des modifications climatiques avait commencé et personne ne s'inquiéta du droit de la population à connaître et accepter ces expérimentations. Puisque la pluie était un phénomène naturel, il n'y avait aucune raison de s'embarrasser pour demander la permission. Le but invoqué au départ pour justifier la fabrication de pluie était de rendre plus fertiles les zones sèches des États des grandes plaines.

La Russie aurait également utilisé le procédé pour précipiter les retombées de Tchernobyl avant qu'elles n'atteignent Moscou.

L'escalade

Dans la course à la Lune, très tôt en 1958, les astronautes américains, comme les Russes, découvrirent les ceintures de Van Allen, ces ceintures magnétiques qui protègent la Terre des vents solaires destructeurs chargés de particules. Entre août et septembre 1958, dans le cadre du projet Argus, la marine américaine fit exploser trois bombes nucléaires à fission dans la ceinture de Van Allen inférieure, à 480 km au-dessus de l'océan Atlantique Sud. Les médias aux États-Unis parlèrent de « la plus grande expérimentation scientifique jamais entreprise ».[169] Cette « expérimentation » eut des effets à l'échelle planétaire, créant de nouvelles aurores boréales artificielles. Les conséquences à long terme de cette destruction inouïe, qui eut lieu avant que nous ne comprenions la fonction protectrice des ceintures de Van Allen, n'ont jamais été déclassifiées.

Cette expérimentation « grandiose » fut renouvelée au-dessus de l'océan Pacifique, le 9 juillet 1962, dans le cadre du projet Starfish. Trois « dispositifs » nucléaires d'une kilotonne, une mégatonne et une multi-mégatonne explosèrent, perturbant gravement la ceinture

169. *New York Times*, 19 mars 1959.

de Van Allen inférieure et modifiant sa forme et son intensité. Les scientifiques prévoient que les ceintures ne retrouveront pas leur structure originale avant une centaine d'années (ce qui peut s'avérer être un vœu pieux).[170] [171] Au Royaume-Uni, ces faits scandalisèrent tant Sir Martin Ryle, astronome de la Reine, qu'il devint l'un des plus fervents détracteurs du nucléaire.

En 1962, l'armée américaine utilisa des faisceaux électroniques pour ioniser et dé-ioniser des parties de l'atmosphère, comme le fait la foudre. La même année, le Canada commença à lancer des satellites dans l'ionosphère terrestre et à simuler chimiquement le plasma.

Plus tard en 1962, l'URSS entreprit des « expérimentations » planétaires identiques, créant trois nouvelles ceintures de radiations entre 7 000 et 13 000 km au-dessus de la Terre. Les flux d'électrons dans les ceintures de Van Allen furent modifiés de façon significative depuis cet événement et n'ont jamais retrouvé leur état d'origine.[172] [173]

Zbigniew Brzezinski, conseiller des Affaires étrangères des présidents John F. Kennedy et Lyndon B. Johnson durant la guerre du Vietnam, proposa d'étudier des moyens d'utiliser la foudre artificielle comme arme de guerre dans le projet Skyfire et d'utiliser les ouragans dans le projet Stormfury.[174] Selon Lowell Ponte, auteur de *The Cooling*, les forces armées étudièrent également la possibilité de détruire la couche d'ozone à l'aide de rayons laser ou de substances chimiques, au-dessus du Nord Vietnam, pour détruire les récoltes et la population.[175]

---

170. *Multimedia Encyclopedia 1996* et *1998*.
171. *Microsoft Encarta Multimedia*, 1999.
172. Keesings Historisch Archief (K.H.A.) 13-20 août 1961, 11 mai 1962 et 29 juin 1962.
173. Nigel Harle, *Vandalizing the Van Allen Belts*, *Earth Island Journal*, hiver 1988-89, p. 11.
174. Zbigniew Brzezinski, *Between Two Ages: America's Role in the Technetronic Era*, Penguin Books, Cambridge, MA 1976.
175. Lowell Ponte, *The Cooling*, Prentice-Hall Inc., Upper Saddle River, NJ, 1976.

Les effets

L'Assemblée générale des Nations Unies s'alarma de ces activités, si bien que le 10 décembre 1976, elle approuva la Convention sur la prohibition de tout usage militaire ou hostile des techniques de modification environnementale, appelée « Convention Enmod ».[176] Malheureusement, elle ne réussit pas à exclure « les projets pacifiques » tels que « la recherche fondamentale », les projets d'énergie solaire ou de développement des ressources industrielles. De nouveau, personne ne pensa à informer ou obtenir le consentement du public. Les gouvernements se contentèrent de modifier leur politique de relations publiques. Ainsi, les USA se lancèrent dans la recherche météorologique pour améliorer les rendements agricoles dans les grandes plaines du nord. De son côté, la Russie entreprit des recherches comparables pour augmenter la production alimentaire.

Cela fait maintenant plus de cinquante ans que sont pratiquées des expérimentations de modification atmosphérique, soit en déversant des substances chimiques dans l'atmosphère, substances qui provoquent des réactions visibles ou invisibles de la terre, telles que les aurores boréales artificielles[177], soit par des expériences sur les ondes en utilisant la force électromagnétique ou calorique, ou encore en provoquant des explosions nucléaires atmosphériques. Ces dernières interrompent ou dévient les flux normaux d'ondes dans l'atmosphère supérieure, provoquant souvent des changements météorologiques dans la troposphère.

Parmi les substances chimiques déversées dans l'atmosphère terrestre, citons l'azoture de baryum, le chlorate de baryum, le nitrate de baryum, le perchlorate de baryum et le peroxyde de baryum. Toutes ces substances sont combustibles et détruisent la couche d'ozone. Durant la seule année 1980, environ 2 000 kg de produits chimiques furent déversés dans l'atmosphère, dont 1 000 kg de baryum et 100 kg de lithium. Le lithium est un produit

---

176. Cf. *L'Arme climatique*, Patrick Pasin, Talma Studios, 2020.
177. *Northern Lights Thrill Sky Watchers from Texas to Ohio*, Kansas City Star, 10 novembre 1991.

toxique hautement réactif, facilement ionisé par le soleil. Cette réaction augmenta la densité de l'ionosphère inférieure et généra des radicaux libres, qui peuvent entraîner à leur tour de nouvelles modifications chimiques[178]. Bien que ces expérimentations fassent de toute évidence partie des projets militaires en tant qu'armes pour contrôler le climat, les rapports faisant état de leur impact environnemental sont inexistants dans le secteur public. Par contre, ce sont les eaux de toilette et les déodorants, les atomiseurs et les distributeurs de médicaments pour l'asthme qui furent accusés de détruire la couche d'ozone !

En réalité, il est devenu évident au début des années 1970 que les trois cents mégatonnes des essais nucléaires atmosphériques effectués par les USA, le Royaume-Uni et l'URSS entre 1945 et 1963 détruisirent 4 % de la couche d'ozone et affectèrent gravement les embryons humains, les fœtus, les enfants et la vie de l'environnement dans sa totalité.[179]

Les fusées et les avions supersoniques endommagent eux aussi la couche d'ozone et provoquent des changements atmosphériques. Ces faits furent rendus publics par les journaux télévisés dans les années 1970 et influencèrent probablement les compagnies aériennes dans leur décision d'abandonner les vols supersoniques, à l'exception du Concorde. Pourtant, le public ferma vite les yeux et oublia le problème des vols supersoniques et des essais nucléaires atmosphériques lorsque les réfrigérateurs furent tenus responsables du trou dans la couche d'ozone, qui menace la santé humaine et les récoltes dans différentes parties du monde, tout particulièrement à la pointe australe de l'Amérique du Sud. L'utilisation des CFC (chlorofluorocarbones) aggravait le problème mais n'était manifestement pas la cause première.

Il semble maintenant possible d'« orienter » le jet-stream et de décider de la limite entre les zones d'air chaud et d'air frais dans

---

178. Nick Begich et Jeane Manning, *Les Anges ne jouent pas de cette Haarp*, Louise Courteau Inc., 2003.
179. *Long-term Effects of Multiple Nuclear Weapons Detonations*, U.S. National Academy of Science, 1975.

une région géographique déterminée, ou de manipuler les grands flux de vapeur qui entraînent la pluie des tropiques vers les zones tempérées, causant ainsi des sécheresses ou des inondations. Des phénomènes naturels ou instabilités de l'atmosphère comme les moussons, les ouragans, les tornades, etc., peuvent être aggravés en y « ajoutant de l'énergie ». En introduisant du pétrole dans les failles tectoniques ou en créant des vibrations terrestres artificielles par des pulsations électromagnétiques, nous pouvons provoquer des tremblements de terre.

Cela ne signifie pas que les expérimentations militaires soient à l'origine de tous les événements atmosphériques et, en fin de compte, du changement climatique. Je veux simplement dire qu'il est difficile de faire la part des choses et de distinguer les géo-expérimentations militaires des véritables mouvements de la planète. La multiplication des phénomènes météorologiques violents est une évidence pour tous. Notre Terre-mère essaye-t-elle de nous envoyer un message de détresse ? Notre économie civile est-elle la seule responsable du changement climatique ? Je n'en suis pas convaincue.

L'Avenir

Les États-Unis ne sont pas les seuls à être impliqués dans ces activités d'agression hautement technologique contre notre système terrestre. La Russie, la Chine, le Royaume-Uni, l'Australie, le Canada et le Japon ne sont pas moins impliqués. Les tenants de la géoingénierie désirent, me semble-t-il, porter à la connaissance du public des expérimentations encore plus risquées, obtenir l'approbation des citoyens et, qui sait, devenir « les héros du changement climatique ». En 2010, à la Conférence des Nations Unies sur le changement climatique à Copenhague, les géo-ingénieurs firent clairement connaître leurs intentions en présentant la géoingénierie comme l'une des « solutions permettant de faire face au changement climatique mondial ». Ceux qui observent les préparatifs militaires en vue de déclencher une guerre climatique, demeurent dans l'inquiétude.

Le 19 septembre 2010, la marine américaine entreprit une étude de nuage artificiel appelée CARE (Charged Aerosol Releases Experiment – expérience d'épandages d'aérosols chargés). Le US Naval Research Laboratory et le Département d'essais spatiaux du ministère de la Défense utilisèrent la fusée-sonde suborbitale à quatre étages de la Nasa, Black Brant XII, lancée de Wallops Island en Virginie, afin de déverser, entre autres, de l'oxyde d'aluminium, créant ainsi un nuage artificiel dans l'atmosphère extérieure à 280 km au-dessus de la surface terrestre, en sachant que les nuages se situent habituellement à une altitude maximum d'environ 80 km, dans la mésosphère. Ce nuage était conçu pour briller dans le noir. Bien entendu, cet aluminium retombera finalement dans les océans ou sur les terres agricoles et polluera les récoltes et les approvisionnements alimentaires. Il se peut que ces essais détériorent les différentes couches atmosphériques qui protègent la vie sur terre et il est impossible de savoir de quelle manière ils agiront sur le climat, l'agriculture, la santé humaine, ou s'ils altéreront les rayons infrarouges ou les radiations UV qui atteignent la planète. Ces expériences mettent en péril les habitats de reproduction de la faune marine américaine, y compris au National Marine Sanctuary. Cette couverture nuageuse artificielle, qui maintint dans l'ombre la côte Est des États-Unis, aurait semble-t-il provoqué des chutes de neige inhabituelles et un temps hivernal à l'automne 2009. Les autres conséquences, s'il y en eut, ne sont pas précisées.[180] [181] [182] [183]

Parmi les expériences navales analogues, il faut citer : UAE 2, Unified Aerosol Experiment (« Expérience avec aérosols unifiés »)

---

180. *U.S. Navy & Nasa Dust Cloud Experiments May Begin on Tuesday*, 15 septembre 2009, Live Science.com, 19 septembre 2009, un article de Clara Moskowitz.
181. Mise au point sur les Expériences d'épandages d'aérosols chargés (CARE), Paul A. Bernhardt.
182. The Nasa / U.S. Air Force CRESS 1990, Press kit, décrit un programme d'essais atmosphériques de la Nasa (en lien avec Haarp et l'aviation américaine), qui a pu produire ces spectres de couleurs vives (aurores boréales).
183. http://science.nasa.gov/science-news/science-at-nasa/2003/20jun_ tmaclouds/

dans les Émirats arabes unis en 2004 et les essais en Asie du Sud-Est conduits depuis Singapour en 2007. La Terre est aujourd'hui devenue la « victime des recherches » du militarisme et il est grand temps de mettre fin à la géoingénierie, cette cruelle farce et ce crime contre la vie même ! La société civile ne devrait en aucun cas accorder sa bénédiction aux défenseurs de la géoingénierie et leur permettre de poursuivre ces ravages planétaires.

Allons-nous abandonner la guérison de notre Terre aux mains de ceux qui, depuis plus de soixante-cinq ans, font preuve de la plus grossière incurie envers son bien-être ? Allons-nous jeter aux ordures cette merveilleuse planète, comme on se débarrasse d'une babiole en plastique à deux sous ? Il est temps d'honorer et de protéger notre planète Terre comme l'ont fait les peuples indigènes depuis des milliers d'années. Nous devons reconnaître que la philosophie de vie qui nous a conduits dans une telle impasse ne peut être qu'erronée. Il est temps de remettre en question le patriarcat, qui n'est autre que la domination de toute chose vivante, et de s'interroger sur le capitalisme sauvage qui nécessite des forces militaires démesurées pour conserver l'accumulation et la consommation dévorante de ressources naturelles. Nous avons désespérément besoin d'un programme critique pour construire un monde futur plus humain, plus féminin, plus intelligent.

Il nous est devenu urgent d'adopter un regard sobre sur le mode de vie de ce monde, sur notre philosophie de vie et la planification de notre société pour que tous les hommes et toute vie sur cette planète puissent connaître une longue ère de paix et de prospérité fructueuses. Notre Soleil dispose encore de 4 à 5 milliards d'années pour nous prodiguer la bénédiction de son énergie – ne les dilapidons pas !

Deux interviews avec le Dr Rosalie Bertell
(réalisées en 2010)

1- Une planète sans futur – Les nouvelles armes et la destruction de la Terre-mère

Bertell : Alors, une fois en possession de ces bombes nucléaires, ils eurent peur des représailles et ils voulurent savoir tout ce que ces bombes étaient capables de faire. Donc ils les testèrent à tous les niveaux possibles, sous la mer, au niveau du sol... Ils ont essayé de les faire exploser dans l'atmosphère, à différentes altitudes, et cela jusqu'au début des années 1950, lorsque le premier Spoutnik fut lancé. Les USA essayèrent alors de lancer leurs premières fusées – c'est l'époque où l'on découvrit les ceintures de Van Allen. On n'avait encore jamais lancé de bombe à cette altitude, mais ils le firent dans les ceintures de Van Allen. Je pense que cela faisait partie de ce programme qui consistait à tester des bombes nucléaires à tous les niveaux et voir ce qui se passait. Et ils le firent. C'est incroyable de penser que quiconque puisse commettre un tel acte.

Interviewer : Concernant ces expériences de manipulations climatiques, pensez-vous qu'elles soient l'objet de théories ou bien de simples coïncidences ? Par exemple, cet hiver très rigoureux, avec beaucoup de chutes de neige, est-il simplement dû à la couche nuageuse, ou bien est-il le résultat d'une stratégie ? J'ai entendu parler d'expérimentations en Angleterre produisant de fortes pluies et des inondations, et d'autres font allusion ou pensent que certains ouragans violents, ou d'autres changements climatiques sont associés à ces expériences. Pourriez-vous en donner d'autres exemples ?

B. : Oui, derrière nous se trouve soixante ans d'expérimentations, et nous assistons à des actes utilisant les possibilités de manipulations climatiques à des fins particulières. Tous les ouragans ne sont pas le résultat d'une manipulation, mais certains le sont. Et il est très difficile de faire la différence. De même, tous les tremblements de terre ne sont pas dus à une manipulation, pourtant certains le sont. Le plus connu comme étant le résultat d'une expérimentation est un séisme en Chine qui fit des centaines de milliers de morts. Je ne me souviens plus de la date exacte, mais c'était dans les années 1950. Cet événement fut terrifiant et avant qu'il ne se déclenche, il fut vu un plasma dans le ciel, au-dessus de la zone.

Un autre, probablement provoqué de façon délibérée, fut le tremblement de terre de San Francisco, car certains faits, que l'on put mesurer auparavant, annonçaient que quelque chose allait se produire, et cela provenait de ce que les Américains appelaient « le Pivert ». [...]

Il y a un de ces dispositifs à Tromso en Norvège, il y en a maintenant trois en Russie, les États-Unis en ont également trois, un dans le Colorado, et deux en Alaska, il y en a aussi un à Porto Rico. Je suspecte qu'il y en ait un en Antarctique, car ils travaillent en coordination avec cet autre dispositif, ce qui leur permet d'orienter le jet stream, donc de modifier la météo en le déplaçant.

Il y a aussi cinq grandes rivières dans l'hémisphère nord et cinq dans l'hémisphère sud – des rivières atmosphériques qui transportent les eaux des tropiques vers les moyennes latitudes. L'une d'entre elles se situe au-dessus de l'océan Atlantique, juste au large de la côte Est des États-Unis. Au cours d'une de leurs expériences, ils la déplacèrent vers le continent et il y eut ensuite les catastrophiques inondations du Mississippi. Tout le centre du pays fut submergé. Voilà les choses qu'ils sont en capacité de faire. Ils peuvent provoquer une sécheresse en éloignant une rivière atmosphérique et des inondations en la dirigeant vers un lieu déterminé.

I. : On entend parfois des théories expliquant que Haarp pourrait provoquer des séismes et même, avec des champs magnétiques focalisés, créer des modifications dans la conscience humaine –

mais nous en reparlerons peut-être plus tard – ce qui semblerait d'une certaine façon – comment dire... en Allemagne, on parle de « théorie du complot », la théorie d'un pouvoir faisant des choses terribles pour s'approprier le contrôle de la Terre. On a un peu l'impression d'être dans une atmosphère de conte de fée et de ne jamais très bien savoir de quoi il retourne. Existe-t-il, par exemple, des preuves évidentes que des expérimentations militaires ont provoqué des tremblements de Terre ?

B. : Pour provoquer un tremblement de terre, il est nécessaire d'utiliser le magma en fusion au cœur de la Terre ; il faut y envoyer des ondes électromagnétiques pulsées pour le mettre en état de turbulence. On peut les mesurer. Il existe des témoignages faisant état de turbulences dans le cœur magnétique de la Terre qui furent suivies par des séismes… Pour nous assurer qu'il ne s'agit pas d'un mythe, il nous suffit d'aller voir et de contrôler les instruments.
Je suis allée à Gakona en Alaska, et j'ai vu le dispositif Haarp. À l'époque, un peu avant l'an 2000, il y avait quarante-huit tours de transmission disposées en grilles de six par huit, parfaitement alignées et synchronisées. Ils en ont actuellement cent cinquante et en ont prévu jusqu'à sept cents. Maintenant, si vous commencez à propulser une énergie parfaitement synchronisée, même à partir des quarante-huit premières tours, l'effet que vous provoquerez dans l'ionosphère est mesurable. Quand cette énergie la frappe, l'ionosphère est soulevée au-dessus de la Terre et le phénomène est mesurable. Ils peuvent réellement créer des lentilles dans l'ionosphère et les utiliser pour déclencher un tir ciblé d'énergie. Je pense que leur objectif est de fournir toute l'énergie nécessaire aux militaires, où qu'ils se trouvent, sans avoir à transporter de grosses quantités de pétrole ou autre – pour leur éviter tous ces transports de pétroliers et faire fonctionner tout leur matériel électrique.
Ils sont également en mesure de tomographier les profondeurs de la Terre – financé en grande partie avec l'argent de leur caisse noire, l'argent du Congrès. Pour faire cette tomographie des profondeurs,

ils utilisent des ondes électromagnétiques synchronisées et les projettent dans l'ionosphère. Les rayons renvoyés sont des basses et extrêmement basses fréquences qui traversent directement la planète. En fait, ils ont cartographié la totalité interne de la Terre et peuvent ainsi découvrir tout ce qu'elle contient, comme localiser les gisements de gaz et de pétrole, les bunkers souterrains – ils font en quelque sorte un scanner de la Terre, et ce sont ces mêmes ondes qui traversent les corps humains. Ils utilisent donc les basses fréquences de l'énergie électromagnétique, celles-là mêmes auxquelles nos corps réagissent, donc entre un et dix hertz, mais pas en continu.

À l'heure actuelle, Haarp n'est autorisé à fonctionner que quatre fois par an, sauf cas d'urgence. Il est impossible d'être absolument certain de ce qui se passe exactement, car beaucoup d'événements sur la planète ont une apparence normale, mais lorsqu'ils se produisent à des périodes inhabituelles ou de façon extrêmement violente, il devient logique de se poser des questions.

I. : Donc Haarp a trois fonctions : envoyer des ondes pulsées au cœur de la Terre et y déclencher des turbulences, transmettre de l'énergie d'un point à un autre, et modifier les champs magnétiques dans certaines zones de la Terre. Pour quelle raison ferait-on cela, par exemple, modifier les champs magnétiques en certains endroits de la Terre – et que se passe-t-il si l'on modifie artificiellement un champ magnétique ?

B. : C'est ce que l'armée appelle l'« énergie de positionnement », qui est identique à celle d'une bombe. Mais ils peuvent également mettre le feu à toute une zone, en provoquant la sécheresse dans une région, puis en envoyant une multitude de rayons ultraviolets, ce qui déclenche un incendie. Vous savez, il y a tellement de choses que l'on peut faire... Ils utilisent également Haarp pour communiquer avec les sous-marins lorsqu'ils sont en immersion. Voilà quelques-unes des fonctions de Haarp, mais il en possède d'autres que les militaires utilisent sans que la population n'en sache rien.

Par exemple, ils avaient décidé d'éliminer le bourdonnement que l'on entend parfois en essayant d'envoyer des ondes radio dans l'ionosphère. À cet effet, ils envoyèrent des milliards d'aiguilles de cuivre là-haut, pensant que cela supprimerait les parasites. Et cela n'a rien supprimé du tout, une vraie catastrophe. Et ils laissèrent toutes ces aiguilles là-haut, et, bien sûr, elles finirent par retomber.[184] Oui, ils ont lancé des aiguilles de cuivre dans l'ionosphère – ils ont essayé des choses aussi invraisemblables sans avoir aucune idée des répercussions que cela pourrait avoir sur la dynamique des couches protectrices de la Terre.

Ils envoyèrent aussi du baryum – comme marqueur – et du lithium, et ils lancèrent des fusées pour déverser du baryum dans l'atmosphère supérieure, afin de constater ce qui se passerait, où il irait, et donc quelle sorte de dynamique agit à chaque niveau au-dessus de la terre. Ils provoquèrent ainsi toutes sortes d'altérations dans le système fondamental de la Terre. C'est cela qui perturba en grande partie notre météorologie et notre climat – c'est ce que nous appelons « le changement climatique » –, alors que nous accusons le dioxyde de carbone de tous les maux.

I. : Diriez-vous que les expériences militaires non seulement provoquent des changements météorologiques, mais sont aussi la cause principale du changement climatique ?

B. : Absolument, bien que ces expériences ne soient pas l'unique cause – en effet, je ne pense pas que la pollution au dioxyde de carbone soit bénéfique pour notre Terre et je ne dis pas qu'il faut continuer. Mais ce que je veux dire, c'est que même si vous arrêtiez toute cette pollution au CO_2 aujourd'hui, vous ne retrouveriez pas la météo que vous connaissiez auparavant. Parce que de profonds changements et des détériorations ont été apportés au système terrestre. Et vous ne pouvez pas le dissimuler en vous contentant d'accuser le dioxyde de carbone.

---

184. Pour plus de détails sur cette opération, lire *L'Arme environnementale*, Talma Studios.

I. : Diriez-vous aussi que la plupart des épidémies qui sont liées aux changements climatiques sont aussi liées aux expérimentations militaires ? Je parle des épidémies de ces dernières années telles que le Sida, différentes fièvres, des pathologies chez les singes, les canards, les oiseaux, les moutons, les vaches – selon votre point de vue, vous qui faites de la recherche en épidémiologie, toutes ces maladies ont-elles ou peuvent-elles avoir un lien avec ces expériences ?

B. : Actuellement, le monde médical considère globalement l'atome comme la base de ses recherches. Par conséquent, tous nos traitements font appel à la chimie, à différentes substances chimiques, des pilules, des crèmes… En d'autres mots, ils considèrent que l'atome ne peut pas se modifier. Cependant, on retrouve à l'intérieur de l'atome les quarks et, à l'intérieur des quarks, une force de gravité – nous sommes donc en présence d'un système électrique très actif, non pas d'un système chimique mais bien d'un système électrique à l'intérieur de l'atome. Si vous changez la structure atomique ou la dynamique atomique à l'intérieur de l'atome (en utilisant la radioactivité, des ondes électromagnétiques ou autre), il délivre alors un message différent de celui d'un atome normal, et vous voilà avec une médecine normale contre un atome anormal : ils ne peuvent pas communiquer. Voilà pourquoi nous avons toutes ces maladies infectieuses qui ne réagissent plus à nos traitements. Nous avons fait quelque chose qui a modifié le système de communication entre les atomes malades et la médecine usuelle. Nous sommes à une époque différente, où il nous faut envisager une médecine électromagnétique pour restaurer la normalité des atomes, afin qu'ils puissent répondre au système immunitaire de notre corps et aux médecines classiques. C'est assez compliqué. En ce qui concerne le Sida, c'est encore différent, car le système immunitaire lui-même est affecté, devient anormal, et, par conséquent, ne peut pas s'attaquer aux infections – c'est comme l'effet inverse. Il faut donc se tourner vers une médecine qui utilise la gamme des micro-ondes, mais il faut le faire avec beaucoup de prudence, en étant bien sûr de ce que l'on fait – car on peut causer plus de dégâts encore. Ces choses sont potentiellement dangereuses.

I. : Je vous repose une question : existe-t-il des indices prouvant que les dispositifs Haarp, en modifiant les champs électromagnétiques, modifient la conscience humaine ? Il y a eu des rumeurs, par exemple, au moment de la prise de Bagdad par l'armée américaine, affirmant que presque personne ne s'est défendu. Il est difficile de croire que cette bataille que tout le monde redoutait n'a pas eu lieu parce que personne ne s'est montré dans les rues. Et la population de Bagdad déclare qu'il régnait une atmosphère aberrante dans la ville ces jours-là. Certaines rumeurs attribuent cette situation à l'action de Haarp. Que faut-il en penser ? Avez-vous étudié de telles influences sur nos capacités à penser, agir, percevoir ?

B. : Je ne peux que vous donner mon opinion professionnelle sur ce sujet. Je ne pense pas que Haarp soit en cause, mais je sais de façon certaine qu'ils utilisaient un champ de bataille électronique, alimenté par de multiples sources de provenances différentes, des sources si nombreuses que nous ne sommes pas parvenus à les interpréter. Ils avaient donc ce champ électronique, accompagné d'une multitude de facteurs qui ont interféré avec les courants électriques normaux du corps humain et les réactions normales des gens. Mais je pense que le phénomène était localisé et qu'il ne provenait pas de Haarp.

I. : D'une certaine façon, ce que vous décrivez fait paraître les bombes atomiques comme des jouets – des jouets militaires – certes terribles, mais relativement primitifs, car ce qu'ils construisent maintenant, semble pratiquement indiscernable, inodore, inaudible. C'est une arme dont nous ne soupçonnons pas l'existence et qui peut entrer en action sans que nous le sachions.

B. : C'est très vrai. Je pense que pour des raisons pratiques, les militaires ont abandonné les bombes nucléaires. Je pense qu'elles sont inutilisables. Ils les conservent à titre dissuasif et pour maintenir une grande partie de la population occupée à écrire des livres expliquant pourquoi il faudrait s'en débarrasser, et comment l'on peut s'en passer – vous savez, zéro arme nucléaire et toutes ces sortes de choses. Beaucoup de gens s'affairent ainsi, et pendant ce temps, ils ne cherchent pas à savoir ce que les militaires font réellement. Ce n'est toutefois pas surprenant, parce que si vous pensez à la Première Guerre mondiale où ils ont utilisé des gaz – ils n'ont plus jamais utilisé de gaz dans les guerres qui suivirent : au Vietnam, ils se servirent de pesticides, d'herbicides et de défoliants. La technologie d'une guerre n'est plus utilisée au cours de la guerre suivante. Nous devrions essayer d'imaginer ce qu'ils vont inventer pour la prochaine. Je suis persuadée qu'il y aura des guerres climatiques. Je suis aussi persuadée qu'elles seront effroyables. J'ai rédigé une pétition que beaucoup signeront, je l'espère. Je pense que cela serait un crime contre l'humanité et contre notre Terre que de déclencher ou de favoriser des événements tels qu'un ouragan, la mousson, un tsunami, un tremblement de terre, un glissement de terrain, une éruption volcanique. Ces choses devraient être clairement reconnues comme crimes contre l'humanité et contre la Terre.

I. : Ce que vous venez de nous dire, est-ce que cela se réfère aussi à la géoingénierie ?

B. : C'est un point très intéressant. C'est Edward Teller, le père de la bombe à hydrogène qui proposa ce terme de « géoingénierie ». Cela fait soixante ans qu'ils la pratiquent, et comme ils ne peuvent plus le dissimuler, ils nous proposent ce moyen pour stopper le réchauffement climatique. C'est une idée délirante. Ils vont maintenant se transformer en héros et… ne les laissez pas toucher à la Terre, ne les laissez pas mettre le grappin dessus. Cela ne résoudra rien, tout ce qu'ils ont essayé a échoué. Ils ont essayé d'ensemencer les océans avec une sorte de plancton, cela n'a pas marché. Ils veulent peindre les nuages en blanc, ils veulent nous gâcher notre énergie solaire en déversant toutes sortes de métaux dans l'atmosphère pour renvoyer les rayons du soleil loin de la Terre. Tout cela est insensé et, de toute façon, si vous regardez qui vous donne des conseils et que ce sont les militaires, je pense qu'il faudrait être fou pour les suivre…

I. : Et que penser des rumeurs concernant ce gigantesque tsunami qui a ravagé le sud-est asiatique [celui du 26 décembre 2004] ? Il est dit qu'il aurait pu être provoqué par ces turbulences au cœur de la Terre ?

B. : Celui-ci fut très suspect. Il y avait au large de la côte indonésienne un navire américain qui cherchait de bons endroits pour extraire du pétrole – sous les eaux, qui faisait de la recherche sous-marine. Maintenant, est-ce qu'ils ont déclenché quelque chose ? Je ne sais pas. Je sais seulement qu'ils étaient là, qu'ils travaillaient là. Il y eut aussi à l'entour deux ou trois autres choses suspectes, mais je n'ai pas d'idée affirmée. Étaient-ils en train de faire autre chose et ce fut un effet indésirable ? Cet événement est très suspect et très inhabituel.

I. : Quelles sont les conséquences stratégiques de telles armes ? Parce qu'en fait, vous n'avez même plus besoin d'envoyer vos troupes hors du pays. D'après vous, quel peut être leur objectif, quelle est l'éthique de cette guerre, si jamais il y en a une, que recherchent-ils, quelle peut être leur conception du monde pour ignorer à ce point les équilibres naturels ?

B. : Ce n'est peut-être que par pur esprit de domination ! Pouvoir obtenir tout ce que vous désirez, tout ce que vous exigez aux dépens de tous. Je ne vois pas d'autre motivation, il n'y a pas de territoire, pas de terres à gagner, c'est par pure domination, pure avidité ; je ne vois pas d'autre motif rationnel.

I. : Vous pensez donc que nous devons tout à la fois trouver des moyens de diminuer l'impact du CO_2 et trouver comment diminuer l'impact des expérimentations militaires ?

B. : Ce que je ferais en ce qui concerne les militaires, c'est de couper leur fonds ! Nous savons bien ce que tous les pays dépensent pour leur armée et les sommes d'argent considérables échangées pour le commerce des armements. On pourrait geler ces dépenses par tranches successives, consacrer 20 % des dépenses militaires du pays à l'achat de monnaie UN (des Nations Unies) qui ne peut être utilisée que pour l'éducation, le service social, la santé, le travail civil, puis réduire de nouveau le budget militaire de 20 % l'année suivante, et ainsi de suite chaque année. De cette manière, nous réaliserions deux choses : d'une part, la réduction du budget des militaires et de l'argent qu'ils consacrent à la recherche, d'autre part l'augmentation de la somme de monnaie UN que les militaires ne pourraient pas utiliser. Ainsi, nous mettrions fin à une partie des guerres de devises, et, par la même occasion, nous diminuerions les contingents de militaires – en douceur, bien sûr – dans le monde entier. Je pense que nous pourrions ensuite rediriger les plus jeunes recrues pour créer des sortes d'équipes de secours environnemental, sous l'égide des Nations Unies ou quelque chose de la sorte. Ainsi, ce ne serait pas des militaires. Leur intervention serait nécessaire en cas d'urgence, n'importe où dans le monde. On pourrait faire tout cela. Et nous savons que nous avons suffisamment de réseaux de surveillance pour connaître exactement les sommes que dépensent les militaires. Les budgets sont rendus suffisamment publics. Nous pourrions donc réaliser toutes ces choses – à condition d'en avoir la volonté.

I. : Peut-être une dernière question : vous avez été religieuse. (– Je suis religieuse !) Vous êtes toujours religieuse. Diriez-vous par conséquent que les actions que vous menez sont le reflet de votre spiritualité, qu'elles sont influencées par votre appartenance religieuse et qu'il y a quelque chose comme... je ne sais pas... des pulsions contraires à l'éthique dans ce monde, que nous devons nous efforcer de changer en modifiant notre vision des choses, en recherchant la sainteté ?

B. : Oui, je pense que la Terre est un don ! Je crois que la création nous a été offerte, que c'est une chose merveilleuse et que cette planète a été conçue pour recevoir la vie. Je ne vois pas quel avantage nous pouvons tirer en la détruisant, en la défigurant, en voulant la dominer. Chacun aura largement sa part si nous savons partager. Nous pouvons vivre avec bonheur sans accumuler toutes ces choses inutiles. Mais ce n'est pas pour autant qu'il faut revenir à l'âge des cavernes. Nous sommes des créatures intelligentes, et je crois que nous sommes capables d'atteindre un autre niveau de conscience où nous pourrons vivre différemment. J'espère que lorsque nous découvrirons l'existence de ces armes, nous en serons si effarés que la guerre nous apparaîtra comme une aberration dénuée de sens. Et je crois – j'espère que nous apprendrons à vivre ensemble dans notre diversité, à aimer cette Terre, aimer l'eau, aimer l'air, j'espère que nous apprendrons à partager et à goûter tout ce qu'elle nous donne.

2- Sommes-nous les dernières générations ?
La radioactivité provoque-t-elle l'extinction
progressive et inexorable de la vie ?

I. : Il me semble que vous avez effectué beaucoup de recherches sur les radiations, même au sujet des faibles rayonnements, alors même que l'on déclare : « Ne vous faites pas de souci, il n'y a aucun problème ». Qu'avez-vous constaté au sujet des effets des faibles rayonnements sur le long terme ?

B. : Oui, j'ai une bonne expérience dans la recherche. J'ai commencé par étudier les effets des rayons X de diagnostic médical en radiologie dentaire et pulmonaire. Nous avons suivi un nombre très important de patients pendant trois ans. Cette étude concernait 64 millions de personnes par an, ce qui est énorme. Si vous avez une population aussi importante que celle-là et que vous disposez d'expositions aux rayons X qui soient mesurables, vous avez les moyens d'interpréter les résultats sur la population. J'ai d'abord étudié les expositions médicales aux rayons X, puis je me suis penchée sur les pollutions environnementales plus importantes. Avec de nombreux autres chercheurs qui étudièrent les effets de la bombe atomique, nous sommes passés à ces faibles rayonnements et j'ai moi-même dit : « Oh ! Ce n'est pas grand-chose ! »
Donc tout dépend de la perspective dans laquelle vous vous situez. Quand vous considérez une importante population et que vous voulez savoir ce qu'il advient lorsqu'elle est exposée aux radiations, je pense que la question est généralement mal posée. Les gens demandent : « Combien de cancers cela a-t-il provoqué ? » Je pense que c'est mal formulé, car si vous regardez ce qui se passe dans notre vie quotidienne, la chose la plus évidente est que nous vieillissons tous. Et nous vieillissons de façon systématique, même les cancers font partie des maladies de la vieillesse. J'ai donc décidé de poser la question autrement. Et je me suis demandé : « À

quelle quantité de rayons X médicaux faut-il être exposé pour vieillir d'une année équivalente à une année de vieillissement naturel ? » Cette question oriente la recherche de façon très différente. Pour mesurer le vieillissement naturel, je me réfère à la leucémie non-lymphatique. Les cas augmentent régulièrement dans une grande partie de la population, tout comme les intérêts composés, dès l'âge de quinze ans. Chaque année, nous constatons une augmentation de 3 à 4 % des cas de leucémies non-lymphatiques. Lorsque vous avez entre seize et vingt ans, la somme de vos intérêts à la banque n'est pas très importante, mais lorsque vous atteignez soixante ans, ces intérêts représentent une grosse somme. C'est la même chose pour les taux de ce type de leucémie, c'est pourquoi ils ont plus de probabilités de se manifester en fin de vie.

J'ai donc utilisé cela comme mesure étalon et je me suis posé la question : « Quel serait l'équivalent en quantité de rayons X médicaux ? » J'ai donc mesuré l'effet de vieillissement causé par les rayons X lorsque l'on vous radiographie les dents ou les poumons. Et là, j'ai été surprise, car la quantité d'irradiation est identique à celle à laquelle vous seriez normalement exposé en une année. Par conséquent, il n'y avait aucune différence entre une irradiation lors d'une radiographie des poumons, ou que vous soyez irradié lentement au cours d'une année. Le vieillissement était le même en terme de vulnérabilité. Concrètement, cela signifie que si vous avez entre vingt et trente ans, que vous êtes accidenté et devez subir de nombreuses radiographies, vous ne ressentirez probablement pas de grande différence. Mais si vous êtes plus fragile comme on l'est à soixante ou soixante-dix ans, et que le taux annuel des incidents que vous rencontrez est plus élevé, vous serez plus vulnérable aux rayons X. Vous devenez plus vulnérable au fur et à mesure que vous vieillissez.

Je me suis donc mise à observer les personnes jeunes atteintes de leucémie, particulièrement les cas en-dessous de quarante-cinq ans. Je me suis rendu compte que dans certains groupes de cet âge jeune, les cas de leucémie sont environ six fois plus élevés. Et s'il y a des personnes jeunes atteintes d'arthrite diabétique, des cas rencontrés habituellement chez les personnes âgées, les chances de déclarer une leucémie dans un groupe jeune sont douze fois plus élevées. Il existe donc des signes qui nous permettent de déceler que des personnes sont prématurément âgées, et nous savons qu'elles sont plus vulnérables aux radiations. Tout se passe comme si, sur la liste de ceux qui nous quittent, leur nom avait été déplacé plus en avant. Et cela n'est pas uniquement dû aux radiographies médicales, car, si l'on considère les maladies cardiaques, des patients reçoivent des traitements plus agressifs que d'autres en ce qui concerne les rayons X. Certains malades cardiaques sont radiographiés tous les ans, d'autres peut-être tous les cinq ou six ans, et ce sont ceux qui sont radiographiés le plus fréquemment qui développent des leucémies. J'ai alors commencé à placer les gens sur l'échelle des âges, en fonction de leurs antécédents de radiographies médicales. Cela permet d'expliquer beaucoup de phénomènes biologiques. Il semblerait que le processus de vieillissement y soit lié.

Très souvent, lorsque l'on étudie les radiations, et c'est un des faits les plus surprenants, on constate que la mesure des radiations diffère selon qu'il s'agit d'hommes ou de femmes. Je les ai classés selon leur âge d'exposition, c'est-à-dire leur âge normal ajouté à leur âge d'exposition médicale. Après avoir effectué le classement selon l'âge d'exposition, il était identique pour beaucoup de femmes. Je me suis alors rendu compte que c'était, entre autres, dû à la différence culturelle de l'usage des rayons X : beaucoup de jeunes hommes qui se blessent dans la pratique d'un sport subissent des radiographies. Les femmes, elles, ne sont pas radiographiées avant leur première maternité, et ce sont généralement des radiographies dentaires. Il y a donc une différence dans la manière d'administrer les rayons X s'il s'agit d'hommes ou de femmes, de garçons ou de filles.

I. : Pouvez-vous établir une relation entre ces faits et le rayonnement radioactif qui résulte des essais atomiques ou de l'accident de Tchernobyl ?

B. : Lorsque l'on parle de l'industrie nucléaire, que ce soit de l'extraction de l'uranium ou de son traitement, des réacteurs ou de l'utilisation des armes atomiques, ou même des déchets radioactifs, il s'agit d'un rayonnement particulier que nous pouvons respirer ou ingérer par l'eau et les aliments. Ces radiations peuvent séjourner dans notre corps et cibler certains de nos organes sans atteindre les autres. Il y a donc de petites quantités de radioactivité qui agissent dans notre organisme, et cela provoque ce que j'appellerais un « vieillissement différentiel ». Un nombre incalculable de problèmes que nous rencontrons dépendent de la durée du séjour des rayons dans notre corps et de leur destination.

I. : Diriez-vous que la réaction habituelle des gouvernements, déclarant qu'il n'y a aucun danger pour les citoyens lorsque qu'un accident survient, est fondamentalement une erreur ?

B. : C'est fondamentalement une erreur, car ces particules libèrent de l'énergie. L'ADN, qui détient notre patrimoine génétique, ou l'ARN, ces molécules messagères qui gèrent notre organisme, le font fonctionner. La question que nous devons nous poser est la suivante : « Quelle quantité d'énergie faudrait-il pour les détruire ? » Il suffit de 6 à 10 électronvolts d'énergie. Si vous prenez l'uranium, qui n'est pas considéré comme très radioactif, un seul atome lors d'un seul événement libérant une particule alpha, dépasse 4 millions d'électronvolts. Vous ne pouvez pas libérer une telle quantité d'énergie dans un tissu vivant et ne pas l'endommager. Donc, en termes de probabilité, partant du fait que vous brisez l'ADN, que vous brisez l'ARN, il est probable que vous détruisiez la membrane de la cellule, ou que vous supprimiez des éléments comme les mitochondries qui produisent l'énergie des cellules.

Bien sûr, vous pouvez prétendre que tous ces dégâts vous importent peu, sauf s'ils provoquent un cancer mortel. C'est donc la seule chose à prendre en considération. Vous pouvez, en effet, diminuer la probabilité des risques en ne prenant en compte que cette issue finale et en déclarant : « Peu importe si j'ai du diabète, peu importe si mon système immunitaire s'effondre, peu importe tous ces autres aléas. »

I. : Pouvez-vous nous parler de l'uranium appauvri dans les armes qui ont été utilisées durant la guerre d'Irak ?

B. : L'uranium appauvri est constitué des déchets obtenus lors du processus d'enrichissement de l'uranium, processus nécessaire à la fois pour construire un réacteur nucléaire et pour fabriquer des armes nucléaires. En fait, aux États-Unis, ce sont les déchets d'uranium appauvri qui sont les plus nombreux. S'il s'agit de déchets radioactifs, une licence est nécessaire, même pour leur manipulation. Et lorsque l'on procède aux tests de cette sorte d'armement aux États-Unis, on le fait dans des caissons spéciaux (des « superbox »), totalement hermétiques, de la même façon que l'on procède aux expérimentations avec les armes biologiques ou les produits chimiques d'armement. Le niveau de protection est très élevé, même pour les tests.

C'est une arme chimique, car l'uranium est un métal lourd, et de l'armement radiologique, car ces armes sont radioactives. De plus, un effet spécial se produit sur le terrain, car ce n'est pas simplement de la poussière radioactive que l'on trouve dans les mines ou dans les usines. Si vous disposez ces déchets dans une balle ou un missile et que celui-ci frappe une cible, la friction est suffisante pour l'enflammer, et il monte à une très haute température. Il se forme alors un aérosol semblable à de la céramique ou du verre, comme de la poterie que vous mettez dans un four et se vitrifie. Vous obtenez alors de très petites particules de verre radioactives, elles peuvent être inhalées, sont légères, et peuvent donc se déplacer à une grande distance du point d'impact. On peut facilement les mesurer à 40 km du point d'impact.

Parce que ce sont des particules de verre, elles sont pratiquement insolubles dans l'eau et c'est un point très important : cela signifie qu'elles restent dans le corps longtemps. Une image pour mieux comprendre : si vous vous exposez au soleil pendant quinze minutes, ce n'est pas la même chose que pendant douze heures. Donc si vous prenez de l'uranium très soluble, il peut transiter dans votre corps en douze heures et être éliminé. Or, pour l'uranium le plus insoluble, cela peut prendre des années. Il semble que pour ces déchets d'uranium cela prend dix ans ou plus. C'est pourquoi nous constatons que les vétérans de la guerre du Golfe – ils ont été exposés en 1991 et en 1999 pour la recherche – excrètent encore par les urines entre 4 et 5 microgrammes d'uranium appauvri par jour. C'est absolument inacceptable. Il n'est pas surprenant qu'ils aient des problèmes médicaux. Cela détériore le sang, les os, le foie, la rate, les ganglions lymphatiques, les reins. Vous conservez cette matière radioactive dans votre corps pendant neuf ans, dix ans. Voilà pourquoi nous sommes confrontés à une quantité aussi énorme de syndromes médicaux, tous aussi mystérieux.

D'après les informations du Pentagone, 400 000 vétérans américains ont été exposés à l'uranium appauvri : sur la carte, cela recouvre toute la partie sud de l'Irak. Donc, depuis qu'ils sont de retour chez eux, 200 000 d'entre eux ont fait appel à des soins médicaux par l'intermédiaire des administrations qui leur sont dédiées. Parmi eux, nous avons diagnostiqué le syndrome de la guerre du Golfe chez 115 000 d'entre eux, ce qui signifie l'incapacité de travailler. Beaucoup sont morts. Selon diverses estimations, le nombre des décès a déjà pu atteindre 8 000 à 10 000. Les autres ne peuvent plus être actifs : ils sont pris de vomissements, de perte de la vue, de maux de tête, d'insomnies, ont des problèmes respiratoires, différentes sortes de douleurs, de crampes – ou une déficience générale. Un nombre anormal de leurs enfants sont nés avec des malformations. Il a été trouvé de l'uranium appauvri dans leur liquide séminal. De plus, il s'agit d'un problème très grave. S'il fallait mesurer dans quelle proportion le syndrome de la guerre du Golfe est dû à l'uranium appauvri, j'avancerais le chiffre de 50 % des dommages.

Ce qui plaît aux militaires avec l'uranium appauvri, c'est qu'il ne leur coûte rien. Ils l'obtiennent gratuitement, car ce sont des déchets radioactifs. Et cela permet aux compagnies d'économiser beaucoup d'argent, sinon elles seraient dans l'obligation de stocker ces déchets à distance de la biosphère. Et comme pour les mines antipersonnel, cela continue à tuer longtemps après que la guerre soit finie. Cela tue indifféremment les femmes et les enfants : les femmes parce que leurs tissus sont à haut risque, avec les seins et l'utérus qui sont plus sensibles aux radiations ; les enfants, parce qu'ils incorporent plus de radiations dans leur squelette en grandissant et qu'ils développeront des cancers à long terme. C'est également une violation de la loi internationale car la pollution produite est à grande échelle et dépasse largement les frontières nationales. Cela rend aussi les « frappes chirurgicales » totalement absurdes. De telles frappes n'existent pas. Je pense que cela remet aussi en cause les déclarations de l'Otan, affirmant que cette guerre est humanitaire, car leurs actions qui empoisonnent les sols, les populations, l'eau et les denrées alimentaires n'ont absolument rien d'humanitaire. Tout ceci est en totale contradiction avec toutes les idées qu'ils prétendent défendre.

D'après ce qu'expliquent les juristes internationaux, une nouvelle convention n'est pas même nécessaire : ces agissements sont déjà condamnés par la loi internationale. Selon l'opinion de la Cour européenne des droits de l'Homme, il s'agit d'armes de « destruction aveugle et massive et par nature illégales ». Les Nations Unies ont nommé un rapporteur concernant ce problème, qui doit présenter son dossier au mois d'août. L'Organisation mondiale de la santé essaye d'ouvrir une commission d'enquête pour examiner les plaintes irakiennes, car ces derniers souffrent actuellement de taux de cancers infantiles six fois plus élevés et certains des vétérans irakiens qui ont été exposés, ont maintenant entre cinq et six fois plus de lymphomes et de leucémies que les vétérans non exposés. L'OMS a donc demandé des subventions et des volontaires pour entreprendre un travail d'étude de trois ans en Irak. Toutes ces informations encourageantes sont en devenir, mais il est déjà clair que cette guerre viole toutes les lois internationales.

I. : Y aura-t-il de graves conséquences pour les générations futures ?

B. : Il y en aura. J'ai longuement étudié le cas des îles Marshall, qui subirent les retombées radioactives des expériences d'armes atomiques. La population de l'île de Rongelap est une population qui se meurt, toute la population.

I. : Que peut-on dire au sujet des îles Marshall ?

B. : La stérilité et l'incapacité d'avoir des enfants sont en augmentation. Les femmes n'ont pas réussi à tomber enceinte pendant environ cinq ans. Elles ont commencé ensuite à faire des fausses couches, puis à accoucher de « bébés-méduses », comme elles les appellent. Vous êtes enceinte de quelque chose qui ressemble à une tumeur, qui ne prend pas la forme d'un enfant, ce que l'on appelle une grossesse molaire. Puis elles se sont mises à avoir des bébés atteints de malformations. Mais le taux de natalité a dramatiquement chuté dans l'ensemble de la population et la prochaine génération sera physiquement déficiente. Ils meurent plus jeunes, vers les trente ou quarante ans. Il est évident que cette descendance est en train de disparaître, elle ne pourra pas survivre. Mon sentiment est que notre génération est en train de décider du nombre des générations futures qui survivront. Ce nombre dépendra, en quelque sorte, de notre degré d'imprudence. Nous avons déjà réduit leur nombre, car chaque fois qu'est introduit un défaut génétique dans une lignée, elle finit par disparaître.

Lorsqu'il est question d'exposition à une radioactivité faible et continue, cela signifie qu'elle introduit des anomalies dans le matériel génétique. À la longue, ces anomalies tuent la lignée, la lignée des cellules, la lignée de l'espèce. Selon l'importance des dégâts, cette extinction se produira en deux générations, en sept ou en dix. Donc, en introduisant un nombre grandissant d'anomalies dans l'ADN ou le matériel génétique, nous réduisons le nombre de générations viables sur cette planète.

Nous avons déjà réduit le nombre des générations qui nous succéderont. Nous avons raccourci la pérennité des organismes vivant sur cette planète, qu'ils se rétablissent ou non. Nous n'avons aucune possibilité externe de nous approprier un nouvel ADN. Nous avons l'ADN que nous avons ; qui que ce soit qui vivra sur cette planète à l'avenir est dès aujourd'hui présent dans l'ADN actuel et, si nous le détériorons, nous n'aurons aucun lieu où nous en procurer un autre.

À l'avenir, il n'existe aucun être vivant sur terre qui ne soit déjà présent dans la graine, dans le sperme, dans l'ovule de chaque plante ou animal vivant. Tout est déjà là, dès maintenant. Rien ne nous viendra de Mars ou d'ailleurs. Les êtres vivants reçoivent la vie des êtres vivants. Nous portons en nous cette si précieuse semence du futur. Et quand nous la détériorons, nous faisons deux choses : nous produisons d'une part un organisme qui n'est plus en harmonie avec son environnement, et nous abandonnons d'autre part les déchets toxiques et radioactifs dans la nature. Nous allons donc voir apparaître des organismes moins adaptés et un environnement plus nocif. Nous sommes en présence d'un syndrome mortifère pour les espèces, et pas seulement pour les personnes. Vivre deviendra plus difficile. Notre corps sera moins apte à affronter le stress, que nous augmentons par la même occasion.

Nous sommes responsables de ce que nous allons léguer à la prochaine génération. C'est pour moi une situation étonnante, car je suis l'héritière de personnes venues d'Europe, qui ont ensuite émigré au Canada et aux États-Unis pour offrir à leurs enfants une vie meilleure. Et tout se déroule comme si notre génération ne se souciait pas du futur, comme s'il ne s'agissait pas de notre héritage. Nous voulions que nos enfants héritent de meilleures choses que celles que nous avions reçues. Et il semble que désormais nous ne nous en préoccupions plus. Je trouve cela vraiment étrange et je pense que la plupart de nos grands-parents se retourneraient dans leur tombe s'ils apprenaient ce que nous faisons.

Oui, nous devons certainement changer nos objectifs, et il existe d'excellents moyens de communiquer ce message. Je pense que nous avons même besoin d'un cadre légal. Nous sommes en train de penser à une loi des « sept générations », en d'autres termes, pour tout ce qui est légiféré, vous devrez d'abord répondre à la question : « Quel sera l'impact de cette décision pour les petits-enfants de nos petits-enfants ? » Vous devrez d'abord vous poser la question et y trouver la réponse, avant toute planification, changement important ou une loi majeure. Cette loi est celle des peuples indigènes nord-américains : elle exige que la sécurité des petits-petits-enfants soit assurée. Autrement, cela n'est pas acceptable.

Cette règle n'assure pas de réelle protection, mais elle peut réduire les dangers en respectant quelques principes. Par exemple, ne pas quitter sa maison et tenir les fenêtres closes pendant les bombardements, y rester ensuite aussi longtemps que possible. Toutefois, la préoccupation principale est de protéger la chaîne alimentaire. Il existe des agents chélateurs qui extraient les matières inorganiques des tissus vivants. L'un d'eux est très simple et doux, c'est l'eau distillée. Vous pouvez faire cuire vos légumes dans de l'eau distillée. S'ils contiennent une quantité quelconque d'uranium, il partira dans l'eau de cuisson. Vous pouvez aussi boire de l'eau distillée au lieu de l'eau en bouteille, de l'eau filtrée ou de l'eau du robinet. L'eau distillée aura la même action dans le corps. Elle aura tendance à extraire les produits chimiques inorganiques indésirables. Un autre produit que l'on peut généralement se procurer est la « spiruline ». C'est une algue bleu-vert que l'on trouve dans les magasins de produits naturels. C'est également un agent chélateur doux qui aide l'organisme à se débarrasser de certaines de ses toxines, y compris l'uranium appauvri.

Il est également possible d'essayer de s'en débarrasser par la transpiration, comme dans les saunas. Si vous éliminez l'uranium par la peau, vous ménagez vos reins. L'objectif est de l'éliminer des tissus, du sang et finalement du corps, au lieu de le stocker dans l'organisme.

Nous devons apprendre à nous entendre, car la planète sur laquelle nous vivons est petite. Si nous nous battons pour nous en emparer, personne ne l'aura. Autre chose : nous exerçons des pressions sur le pouvoir naturel de la Terre à se régénérer. Elle peut normalement retrouver son équilibre en une année. Mais lorsque l'on fait la somme de toutes les ressources que nous prélevons actuellement (poisson, denrées alimentaires, fer, charbon, pétrole, tout ce que nous utilisons quotidiennement), nous constatons que nous consommons 1,33 fois ce que la Terre peut reconstituer en une année. Nous sommes clairement en déficit écologique. En 1992, nous en étions à 1,25, ce déficit progresse. Les gens sont inquiets au sujet du déficit financier, mais ce n'est rien comparé au déficit écologique. En effet, nous réduisons constamment le pouvoir de survie de notre Terre. Parallèlement, la population mondiale augmente. Si nous n'intervenons pas, nous nous dirigeons vers une crise planétaire. C'est la raison pour laquelle nous devons en tout premier lieu mettre un terme aux visées militaires sur la planète. Les armées sont celles qui consomment le plus rapidement nos ressources. Si nous nous débarrassions d'elles sur l'ensemble du globe, nous mettrions fin immédiatement au déficit écologique qui progresse chaque année. Cela nous donnerait le temps d'établir un meilleur mode de vie sur cette planète. Oui, nous devons penser à l'échelon mondial. Nous devons apprendre à vivre ensemble sur cette Terre, à résoudre nos conflits par les négociations et non pas militairement. Bien sûr, il nous faut une force de police, bien sûr, il nous faut des lois et des cours de justice et toutes ces choses, mais nous n'avons pas besoin d'armée. Les forces armées sont une anomalie. Elles détruisent notre culture, notre environnement, tout ce quoi nous tenons. Il est temps de nous débarrasser d'elles.

I. : Et les sept générations ?

B. : Je ferais le maximum pour rétablir la santé et la vie de cette magnifique planète et dirais : prenez tout ceci, je vous le donne par amour. Prenez-le et transmettez-le à autant de générations que vous le pourrez. La vie peut être belle, elle est un don merveilleux. Aucun d'entre nous ne l'a demandée, aucun d'entre nous ne la mérite. Elle ne devrait pas devenir un désastre pour tous. Elle devrait nous donner de la joie et c'est pourquoi nous devons agir différemment de ce que nous faisons actuellement. Pour la plupart d'entre nous, la vie est un drame. Certains se suicident parce qu'ils ne peuvent pas soutenir sa laideur. Ce n'est pas la vie, ce n'est pas ce qu'elle devrait être. Aucune autre espèce ne se donne la mort comme le font les humains. Il y a quelque chose de radicalement mauvais dans notre comportement.

Commentaires sur l'impact de la géoingénierie climatique sur la biodiversité
Document préliminaire – 1er novembre 2011

Je vous suis reconnaissante de l'approche directe dont vous faites preuve dans le sommaire du document exécutif préparé par les éditeurs, séparément des auteurs du document lui-même. En certains passages, il prend l'apparence d'une apologie de la géoingénierie plutôt qu'une évaluation sérieuse et impartiale du projet. Cela laisse entendre que le public est censé faire confiance aux scientifiques pour régler tous les problèmes causés par les interventions complexes et imprévisibles dans le système terrestre, sans tenir compte des dangers qu'elles représentent, simplement parce que les scientifiques pensent que la société souhaite pouvoir continuer de polluer. Il y a moins d'inconnues et de conséquences dangereuses à réduire notre dépendance aux énergies fossiles en développant des technologies énergétiques plus bénignes, plutôt que de procéder à la manipulation de l'équilibre délicat du système terrestre, avec ses conséquences potentiellement massives et irréversibles en interrompant l'interaction naturelle entre les océans et le soleil, l'ionosphère et la magnétosphère.

Nous disposons déjà d'expériences à profusion, à commencer par les tentatives de contrôle du climat par l'ensemencement de nuages en 1950, et les cinquante ans d'expérimentations militaires pour s'assurer la « suprématie » spatiale en 2020. L'échec de l'armée américaine qui essaie en 1961 de créer un « écran de protection des télécommunications » dans l'ionosphère pour contrecarrer l'interférence des vents solaires avec les communications radio, devrait nous inciter à la prudence. Ils lancèrent dans l'ionosphère 350 milliards d'aiguilles de cuivre, de 2 à 4 cm de long, pour essayer de former une ceinture de 10 km d'épaisseur et 40 km de large. Les 350 milliards d'aiguilles furent effectivement lancées en orbite – et, selon l'épouse du physicien Walter Richmond :

> Nous avons eu un tremblement de terre en Alaska, d'une magnitude 8,5 et le Chili perd une grande partie de son littoral. Cette couche de fils de cuivre a interféré avec le champ magnétique terrestre.[185]

En juillet 1962, les États-Unis levèrent l'interdiction sur les essais nucléaires atmosphériques et démarrèrent des essais de bombes nucléaires dans l'ionosphère. Ils testèrent, entre autres, « un engin d'une kilotonne à 50 km d'altitude, un autre d'une mégatonne et un de plusieurs mégatonnes, à plusieurs centaines de kilomètres d'altitude. »

Ces tests perturbèrent gravement la ceinture inférieure de Van Allen, la détruisant pratiquement, avec des particules radioactives projetées dans l'ionosphère inférieure et les communications radio-terrestres supprimées en quasi-totalité pendant plusieurs heures à des kilomètres de distance.

> Le 19 juillet 1962, la Nasa annonce que, suite au test nucléaire du 9 juillet en haute altitude, une nouvelle ceinture de radiation s'est formée, s'étirant de 400 à 1 600 km d'altitude ; on peut la considérer comme une extension temporaire de la ceinture inférieure de Van Allen.[186]

Plus tard, en 1962, l'Union soviétique entreprit des expériences similaires, créant trois nouvelles ceintures de radiation entre 7 000 et 13 000 km au-dessus de la Terre.

Depuis cette période, les flux d'électrons dans les ceintures de Van Allen se sont modifiés considérablement et n'ont pas retrouvé leur état initial. Les scientifiques prévoient une centaine d'années avant qu'ils ne reviennent à la « normale » (s'ils y reviennent un jour !).

Dans les années 1970, nous avons appris que la couche d'ozone avait été appauvrie d'environ 4 % par les explosions nucléaires de

---

185. cf. Keesings Historisch Archief (K.H.A.) 1961, et Nick Begich et Jeane Manning, *Les Anges ne jouent pas de cette Haarp*, Louise Courteau Inc., 2003.
186. K.H.A. 5 août 1962.

300 mégatonnes déclenchées entre 1945 et 1963. En aucun de ces cas, les conséquences de ces expériences colossales n'avaient été prévues et il ne fut pas possible de rétablir l'équilibre normal de notre planète après ces événements.[187]

En 1983, le lancement de la fusée Saturne V échoua et le deuxième réacteur prit feu à 300 km, une hauteur inhabituelle dans l'atmosphère. Cette perturbation de l'ionosphère réduisit sa teneur totale en électrons de plus de 60 % sur une zone de 1 000 km de rayon pendant plusieurs heures, interrompant toutes les communications radio. À la suite de cet incident et de façon délibérée, les militaires entreprirent de brûler l'ionosphère pour la perforer, en utilisant d'abord des fusées de lancement et, ultérieurement, le système de manœuvre orbital. Ces expérimentations provoquèrent des « incandescences » artificielles de l'air au moment où des particules radioactives entraient en collision avec les gaz de l'atmosphère terrestre inférieure. Au cours des années 1980, il y eut entre cinq cents et six cents lancements de fusées par an, pour culminer jusqu'à mille cinq cents en 1989. Chaque vol injectait environ 187 tonnes de chlore – élément qui détruit l'ozone – et 7 tonnes d'azote dans la couche d'ozone – deux gaz connus pour l'appauvrir. Pourtant, c'est aux déodorants corporels et aux réfrigérateurs que l'on a imputé la responsabilité de cette destruction ! Les populations civiles supportent des taux plus élevés de cancer de la peau, mais aucune interrogation au sujet des effets sur la flore et la faune, l'agriculture ou la stabilité du climat, n'a éveillé l'attention publique.

En 1981, la Nasa provoqua des trous dans l'ionosphère afin d'étudier les instabilités du plasma artificiel et les modifications des trajets de propagation radio. En août 1985, une décharge de 6 secondes du système de manœuvre orbital déclencha l'incandescence de l'air sur une zone de 400 000 km^2 au-dessus du Connecticut.

---

187. U.S. National Academy of Science, *Long term effects of Multiple Nuclear Weapon Detonations*, 1975.

Entre 1978 et 1990, la couche d'ozone de l'hémisphère Nord diminua de nouveau de 4 à 8 % – en plus des 4 % dus aux essais d'armes nucléaires – et celle de l'hémisphère Sud perdit de 5 à 10 %. On pense qu'une diminution de 20 % anéantirait la chaîne alimentaire, rendant toute vie impossible ; pourtant rien n'a cessé. Au contraire, en 1990, les États-Unis qui se préparaient à des guerres spatiales, commencèrent à lancer des fusées à propulsion nucléaire. En 1995, ils mirent en service pour la première fois la gigantesque station Haarp, un dispositif de réchauffement ionosphérique pouvant modifier la densité de l'ionosphère. Ils construisirent une série de stations de contrôle passives appelées « Dual Radar stations » pour enregistrer tous les changements au niveau du sol causés par leurs activités de manipulation ionosphérique. Haarp, situé à Gakona en Alaska, est exploité conjointement par l'Army et la Navy américaines.

Ces expérimentations militaires se poursuivent de nos jours, au XXIe siècle, particulièrement dans le cadre de la recherche navale. Elles ont pour but, par exemple, de créer des nuages artificiels en haute altitude, bien au-dessus du niveau normal des nuages. J'ai été stupéfiée de constater que toutes ces recherches n'ont été mentionnées nulle part dans le très long rapport sur la biodiversité. Tout ce silence est-il voulu pour protéger la défense militaire ? Ne devrions-nous pas tirer des leçons de tous les dégâts que la course au nucléaire et à la domination de l'espace a déjà causés à la planète Terre ?

En conclusion, je recommanderais aux parties qui défendent la biodiversité de conserver ce message jusqu'à ce qu'elles aient suffisamment de temps et puissent accéder aux documents qui leur permettront d'étudier attentivement tous les dérapages et faits surprenants concernant ces expérimentations spatiales pour lesquelles nous payons déjà un lourd tribut. Il se pourrait que ces expérimentations passées soient jugées comme « modestes » ou « localisées », comparées à ce qui est aujourd'hui en gestation, à la fois en terme d'espaces géographiques et de durées. Est-ce là

l'héritage que nous désirons transmettre aux futures générations ?
Maintenir et transmettre la vie sur une planète détériorée et en
grave difficulté n'augure rien de bon pour l'avenir. Je conseillerais
vivement d'offrir à notre planète Terre un temps de repos et de la
nourrir de telle sorte qu'elle se rétablisse avant de nous livrer de
nouveau à des expériences malavisées qui menacent son équilibre
vital, sans parler de la biodiversité. Nous sommes tous perchés sur
la branche que les scientifiques veulent scier.

C'est avec respect que je vous soumets ce message,

Rosalie Bertell, Ph. D.

Les Docteurs internationaux
pour une médecine humanitaire,
Genève, Suisse, et Palerme, Italie.

TABLE DES MATIÈRES
Tome 2

Chapitre 5   5
Les crises environnementales générées par les guerres

TROISIÈME PARTIE
REPENSER LA SÉCURITÉ

Chapitre 6   41
Sécurité militaire dans le nouveau millénaire

Chapitre 7   71
Sécurité écologique

Textes additionnels
à l'édition originale

Chapitre 3 bis   114
Plans militaires dans l'espace

Participation conjointe des USA et des Soviétiques   149

Nous détruisons lentement notre planète   165

Une planète sans futur – Les nouvelles armes et
la destruction de la Terre-mère   175

Sommes-nous les dernières générations ? La radioactivité
provoque-t-elle l'extinction progressive
et inexorable de la vie ?   186

Commentaires sur l'impact de la géoingénierie
climatique sur la biodiversité   198

www.ingramcontent.com/pod-product-compliance
Lightning Source LLC
Chambersburg PA
CBHW021159160726
47994CB00001B/278